グローバル経済から
国民経済《ナショナル・エコノミー》への大転換

G0.5の世界

三橋貴明
Takaaki Mitsuhashi

日本文芸社

はじめに

本書の校正をしている時点でも、安倍晋三《あべしんぞう》内閣総理大臣の「指示」が次々に繰り出されている。

2014年4月16日、安倍総理は自民党の税制調査会に、法人税の実効税率の引き下げを検討するよう指示。同日、安倍総理は経済財政諮問《しもん》会議と産業競争力会議の合同会議の場で、保険外診療と保険診療を併用する「混合診療」の大幅な拡大を検討するよう、関係閣僚に指示。

4月4日には、総理はやはり経済財政諮問会議と産業競争力会議の合同会議において、家事などの分野で外国人労働者の受け入れを検討するよう指示している。ときは更に少し遡《さかのぼ》り、3月19日、総理は同合同会議で、専業主婦がいる世帯の所得税を軽減する配偶者控除の縮小・廃止を検討するよう指示していた。

指示。指示。指示……。

いつから日本は、「総理指示」や「官邸指示」によって、国家の形が変えられてしまうような国に成り果てたのか。しかも、上記の「指示」を主導しているのは、国会議員ではない。経済財政諮問会議や産業競争力会議に巣食う「民間議員」たちである。

民間議員とはいっても、実態は企業経営者たち、つまりは単なる民間人にすぎない。民間人が民間議員として政治の中枢に乗り込み、総理の「指示」により国家のあり方を変えてしまう。日本の民主主義は、どこにいったのか。

法人税減税、混合診療拡大、外国人労働者の活用、そして配偶者控除廃止は、まさに新古典派経済学が好む「小さな政府」「市場中心主義」の政策になる。

混合診療拡大は、自由診療という「ビジネス」に投資する企業、投資家は得をするかも知れないが、わが国の医療サービスが「格差型」に変貌してしまうことは間違いない。

本書でも述べているが、日本は「お金持ちは医療サービスを受けられ、命が助かる。お金がない人は助からない」社会へと突き進むことになるのだろうか。

配偶者控除縮小・廃止や外国人労働者の導入拡大は、総理自身が「岩盤規制」と呼ぶ、雇用規制の緩和、撤廃になる。総理は自ら「ドリルとなり」岩盤規制を叩き壊すと宣言しているが、雇用規制が岩盤であるのは当たり前だ。

なにしろ、国民は生産者として働き、所得を稼がなければ生きていくことはできない。

国民の生存のために必要な雇用規制が岩盤であるのは当然なのだが、総理は〝ドリル〟となってこれを貫くという。

悪い冗談だ。

現在の安倍政権が進めている各種の政策、つまりは「TPP」「消費増税」「法人減税」「国家戦略特区」「雇用規制の緩和」「配偶者控除縮小・廃止」「外国人労働者導入」そして「移民政策」などは、本書のタイトルである「G0・5の世界」と密接にかかわりがある。すなわち、「グローバリズム」対「国民主義（ナショナリズム）」の対立と密接にかかわっているのである。

1992年のソ連崩壊（厳密には1991年12月）以降、世界は「アメリカ」という覇権国家を中心としたグローバリズムで染め上げられていった。つまりは「G1」の世界だ。

ところが、第二期オバマ政権以降、アメリカのパワーの凋落《ちょうらく》が著しくなってきている。無論、いまだアメリカは世界最大の軍事力を誇り、「G」の力が消滅したわけではない。すなわち、現在はG0・5の世界なのだ。

筆者は、安倍晋三総理大臣が2012年末に『文藝春秋』に発表した「新しい国へ」の以下の文章を読み、魂が震えるほどの感動を覚えた。とはいえ、その後の第二次安倍政権が打ち出す政策の数々は、周回遅れのグローバリズムに基づくものばかりだ。ある意味で、過渡期であるG0・5の世界を象徴するような現状である。

「私は瑞穂《みずほ》の国には、瑞穂の国にふさわしい資本主義があるだろうと思っています。自由な競争と開かれた経済を重視しつつ、しかし、ウォール街から世間を席巻《せっけん》した、強欲を原動力とするような資本主義ではなく、道義を重んじ、真の豊かさを知る、瑞穂の国には瑞穂の国にふさわしい市場主義の形があります。

安倍家のルーツは長門《ながと》市、かつての油谷《ゆや》町です。そこには、棚田があります。日本海に面していて、水を張っているときは、ひとつひとつの棚田に月が映り、遠くの漁《いさ》り火が映り、それは息を飲むほど美しい。

棚田は労働生産性も低く、経済合理性からすればナンセンスかも知れません。しかし、この美しい棚田があってこそ、私の故郷なのです。そして、その田園風景があってこそ、麗《うるわ》しい日本ではないかと思います。市場主義の中で、伝統、文化、地域が重んじられる、瑞穂の国にふさわしい経済のあり方を考えていきたいと思います。(安倍晋三自民党総裁〈当時〉『文藝春秋』2013年1月号より）」

現在の安倍内閣は、「瑞穂の国にふさわしい市場主義」ではなく、「ウォール街から世間を席巻した、強欲を原動力とするような資本主義」の路線を進んでいるように見える。総理の「瑞穂の国の資本主義」という言葉を信じて第二次安倍政権発足のために尽力した筆者としては、裏切られた気分でいっぱいだ。

というわけで、真の意味で「瑞穂の国にふさわしい市場主義」を取り戻すべく、三橋貴明は日本国の「国民」として行動させていただくことにしたのである。

2014年4月

三橋貴明

G0・5の世界

目次

第1章

G0・5の世界からの眺望

第2章 失速するアベノミクスへの提言

第3章

消費税増税の崖を克服せよ

第4章 甦ってきた構造改革の正体

国の安全保障はビジネスより優先される

第5章 先進国の火種と世界の行方

埋め込まれた日米欧の火種

カバーデザイン／長谷川　理
本文デザイン・図版作成／半田美香（(有)ミックスマックス）
編集協力／草野伸生

第1章

G0・5の世界からの眺望

緩和マネーの「巻き戻し」が始まる

ユーロ圏各国で株価が上昇した理由

現在の日本の国民経済が抱える環境は、わが国が本格的にデフレーションに陥った1997年から98年にかけた時期と酷似《こくじ》している。

2014年4月に消費税が5%から8%へと引き上げられた。さらに、アメリカの量的緩和と「テーパリング（金融引き締め）」により、ユーロ圏および新興経済諸国に流れ込んだ緩和マネーの「巻き戻し」が始まる可能性がある。

たとえば、失業率が14年2月まで5カ月連続で史上最悪水準（11・9%）を継続しているユーロ圏において、なぜか各国で軒並み株価が上昇している。

14年4月に入り、ユーロストック50指数は、3200ポイントに接近。リーマン・ショック前の水準を取り戻しつつあるのだ（ただし、リーマン・ショック前のユーロ圏の失業率は7・3%程度だった）。

主要国の失業率（2014年2月時点）

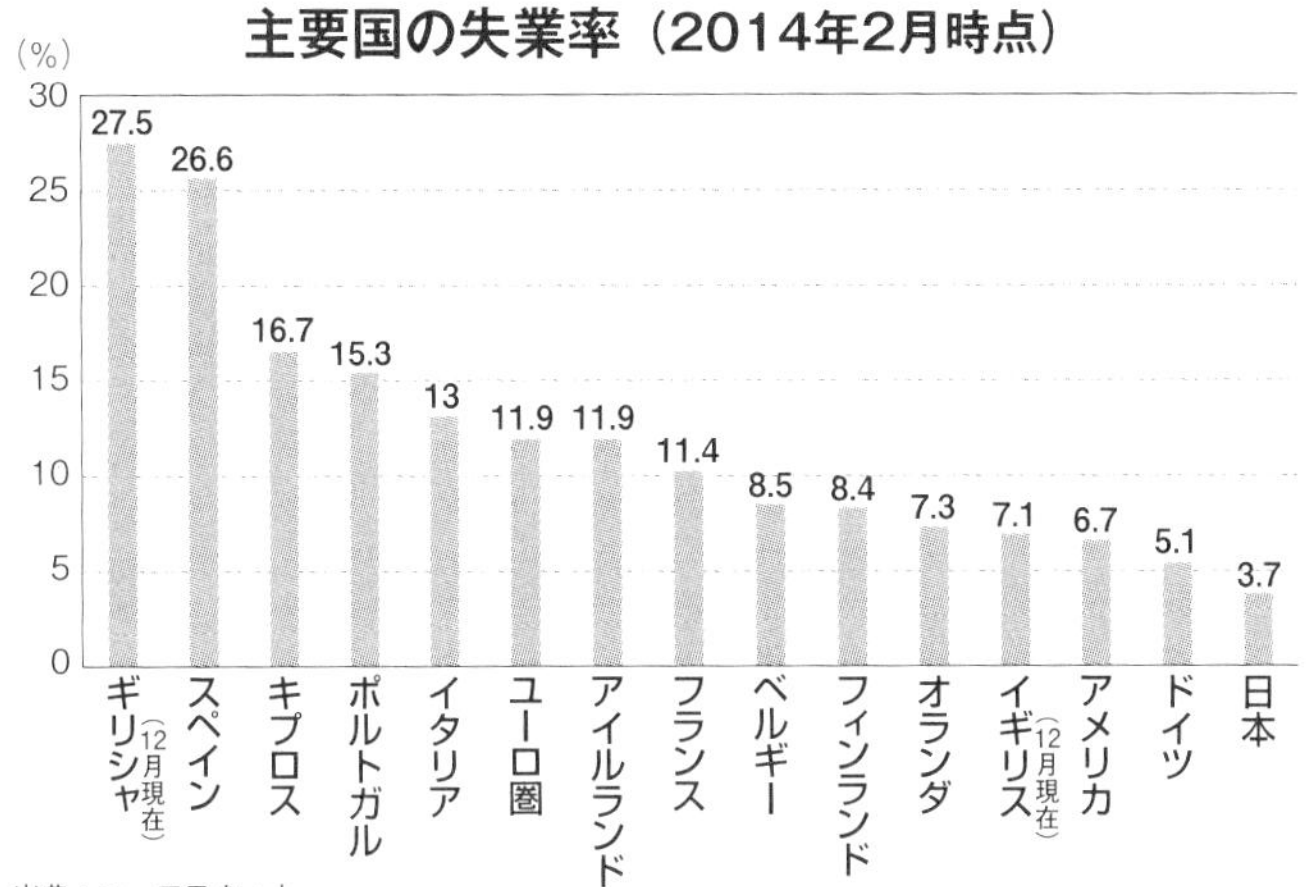

出典：ユーロスタット

通貨ユーロの為替レートは12年以降、すなわちアメリカの量的緩和第三弾（以下QE3〈キュー イー スリー〉）の開始以降、対ドル、対日本円で上昇しており、本書執筆時点の対円で見ると、なんと1ユーロ143円だ。

12年は1ユーロ100円を切っていたことを思えば、驚くべき「高騰」である。ユーロの対ドル、対日本円為替レートも、リーマン・ショック前の水準に戻りつつあるというわけだ。

とはいえ、実体経済はリーマン・ショック前とは比較にならないほど悪い。ギリシャやスペインなどの南欧諸国はもちろんのこと、フランス、イタリアというユーロ中枢の国々まで、雇用環境は史上最悪の状態を継続している。

唯一、ドイツのみが気を吐《は》いているものの、通貨高でもあり、今後のユーロ圏が堅調に経済成長し、失業率を押し下げていけるなど「夢想」としか表現のしようがない。

なにしろ、**現在のユーロ諸国は不動産バブルが崩壊し、国民経済がデフレ化しつつある状況下で、増税や政府支出削減という緊縮財政路線を突き進んでいるのだ。**バブル崩壊後に各国国民が「金《かね》を使わなくなっている」状況で、さらに金を使わせない政策を採っている以上、国民経済が成長するはずがない。

国民経済の成長とは、GDP（国内総生産）の拡大である。GDPとは、「国民が働き、モノやサービスという付加価値を生み出し、誰かが消費、投資として支出した結果、創出された所得」の合計だ。

バブルが崩壊すると、国内の消費や投資は増えない。その状況で、政府が緊縮財政という「消費や投資」を減らす政策を打つわけである。当たり前の話として、国民経済はマイナス成長に陥り、最悪、デフレ化する。

日本国内ではほとんど報道されていないが、14年3月22日、スペインの首都マドリードで大規模なデモと暴動が発生した。スペイン中から駆け付けた数万の市民たちは、「経済危機を引き起こした政治家や銀行家が罰せられていない」と、抗議の声をあげ、市内を行進し、夜になって暴徒化したのである。「デモ」から「暴動」へとエスカレートし、暴徒と警官隊が衝突した結果、17人が逮捕された。マドリードの救急当局によれば、上記暴動で警官30人と、デモ隊41人が負傷したとのことである。

なにしろ、スペインの現在の失業率は25％超であり、若年層失業率（15～24歳の労働人口における失業率）に至っては50％を上回っているのだ。人間にとって、失業は苦しい。そして「長期の失業」は、一層苦しいというよりは、人間を絶望させる。絶望した人間はいずれ立ち上がり、政府を打倒しようとする。

打倒されることを防ぐためにも、政府は彼ら失業者（特に「長期失業者」）を救済するための雇用政策を打たなければならない。

ところが、スペイン政府はユーロという呪縛にとらわれており、雇用対策を打つことができない。それどころか、他のユーロ国に倣《なら》い、緊縮財政で政府の支出を削減している有り様だ。

失業率を改善するための、もっとも手っ取り早い手段、すなわち「国際競争力（グローバル市場における価格競争力）」を強化する為替レートの下落も、スペインでは（対ユーロ諸国では）望めない。ユーロ加盟国以外に対しては、ユーロはむしろ高騰しているため、価格競争力は落ちている。

さらに、関税で自国産業を守ることもできず（対ユーロ諸国で）、物価上昇率0・1％（対前年比）と、ほぼデフレ状態にありながら、政府は通貨を発行し、国債の貨幣化を実施することもできない。現在のスペインが「自主的」に経済の回復路線に乗るなど、考えられない。

しかも、上記は「共通通貨ユーロというシステム」によって強制されているため、民主主義であってもどうにも変更できない（ユーロ離脱をしないかぎり）。スペインの人々は、もはや暴動を起こす以外に「手がない」というところまで追いつめられてしまっているわけだ。

それにもかかわらず、スペインの株価は史上最高値を更新している。しかも、株価が高騰しているユーロ加盟国は、スペインに限らない。

現在の日本円は「もっとも安全な資産」

要するに、アメリカのＱＥ３で発行されたドルがユーロに両替され、ユーロ株式市場に流れ込んでいるとしか思えないわけだ。

特に、現在のユーロ加盟国の物価上昇率は極めて低い（もしくはマイナス）であるため、外国の投資家にとっては「通貨価値が下がりにくい」という意味においても、ユーロ圏への投資は魅力的だ。

結局のところ、ＦＲＢ（米連邦準備制度理事会）から溢《あふ》れんばかりに発行されたドル（リーマン・ショック以降、すでに3兆ドル以上のドルが発行された）がユーロに両替され、同地域の株価を押し上げているにすぎないという話だ。典型的な投機による株価高騰、すなわちバブルである。

ということは、今後のユーロ圏において何らかの「ショック」が発生する、あるいはアメリカ側のテーパリングが一層激しくなった場合に、流れは一気に逆転。ユーロ株式市場で株式が叩き売られ、ドルに両替される巻き戻しが発生することになる。

その場合、当然ながらドルは上昇するが、毎度のパターンとして「それ以上に日本円が上がる」という現象が発生する。

現在の日本円は、世界の投資家にとって「もっとも安全な資産」なのである。なにしろ、世界最大の対外純資産国（要するに世界一のお金持ち国家）がデフレ傾向（＝通貨価値上昇）にあるわけだ。

ユーロ危機が勃発《ぼっぱつ》すると、外国人の株式取引（保有ではない）に占める割合が多い日本の株式市場においても株価が暴落することになる。日本の株価は、企業のファンダメンタルや国民経済の動向よりも、「為替レート」に大きく影響を受けるのだ。

すなわち、**円安になれば外国人投資家が「お買い得」になった日本株を買う。逆に、円高になると「売り時」ということで、外国人投資家が保有する日本株を売り払う。**ただ、それだけの話なのである。

ユーロ以上に危険な中国経済

とどまらない金融資産の価格急落

ところで、金融資産の価格急落、すなわちバブル崩壊という話で言えば、ユーロ以上に危険なのが中国になる。中国では2009年以降の不動産投資（民間住宅）中心の経済成長が、いよいよ限界を迎えつつあるのだ。

2014年2月10日、中国の経済専門紙「経済参考報」など、複数のメディアが中国全国の9割以上の都市で、1月の不動産成約件数が前月比で大幅に下落している事実を報じた。中でも、大連《だいれん》の成約件数の下落ぶりは半端ではなく、前月比で53％減である。13年12月と比べ、不動産の成約数が半分未満になってしまったのだ。（二番目に下落率が大きかったのは、深圳《しんせん》の44％減）

成約件数が減ると、当然ながら不動産価格も下がる。すでに、厦門《あもい》、温州《うんしゅう》、洛陽《らくよう》などの地方中堅都市における不動産価格の下落が始まっている。

特に、中国不動産市場に衝撃を与えたのは、2月18日に杭州《こうしゅう》の新築マンションが、当初の予定価格1㎡当たり1万9500元（約32万円）から同1万5800元（約26万円）に大幅値下げされた一件である。

そもそも、杭州のホワイトカラーの平均月収は月5000元（約8万2000円）程度だ。1㎡当たり1万5800元、70㎡のマンション価格が110万6000元（約1814万円）ということは、サラリーマン年収の18・4倍ということになる。㎡単価1万9500元の場合は、22・8倍になる。

ちなみに、日本のバブルのピークであった1990年、住宅価格は年収の9・2倍であった（その後、5倍未満に下がった）。㎡単価1万9500元であろうが、1万5800元であろうが、いずれにせよ中国の不動産価格は高すぎる。

さらに、2月19日には、杭州の別の不動産物件が、もともとの販売価格である㎡単価1万7200元から、いきなり同1万3800元に値下げ販売を開始した。結果的に、値下げ前の価格で購入した顧客たちが反発し、販売センターで破壊行為に走った。

現在の中国は、グローバリズムの下で国内の所得格差が拡大し、低所得者層の不満がマグマのようにたまっている。所得格差を示すジニ係数は、中国共産党発表の数字では0・

47（13年）となっているが（これでも高いが）、中国四川省の西南経済大学の調査報告書によると、なんと0・717（同）にまで上昇しているという。

ジニ係数は、0・4を超えると「警戒ライン」、0・6を超えると「危険ライン」と考えられている。0・717に至っては、「革命ライン」とでもいうべき、とんでもない格差水準になる。

現在の中国は、冗談でもなんでもなく、いつ「共産革命」が起きても不思議ではないという、笑えない状況にあるのだ。

しかも、所得格差「上位」の人々、すなわち共産党官僚に代表されるノーメンクラツーラ（赤い貴族）たちは、中国国内の人民から「吸い上げた」所得を次々に外国に移し、自らも他国に逃げていっている。

12年の調査によると、1000万元（約1・6億円）以上の資産を持つ人民の6割が、すでに外国に移民したか、移民を検討中とのことである。また、国際調査報道協会のジェームズ・ボール記者によると、2000年以降、じつに1兆〜4兆ドルの隠し資産が中国から流出したという。

12年に温家宝《おんかほう》前首相のファミリーが、27億ドルを超える海外資産を保有しているとニューヨーク・タイムズ紙が報じた。

温前首相は否定しているが（それは否定するだろうが）、英紙ガーディアンは14年1月21日に、温雲松《おんうんしょう》氏（温前首相の息子）ら中国指導部の親族、少なくとも十数人が英領バージニア諸島などのタックス・ヘイブン（租税避難地）を資産管理のために活用していると報道。「中国指導部の親族」の中には、習近平《しゅうきんぺい》現国家主席の義兄までもが含まれているという。

また、微小粒子状物質PM2・5に代表される大気汚染、さらには土壌汚染、水質汚染は、中国大陸全土を「人が住めない地」に変貌させようとしている。なにしろ、中国は共産独裁国家であり、民主主義がない。環境保護のための法律はないこともないのだが、企業側は共産党官僚との「コネクション（要は賄賂《わいろ》）」を利用し、環境を無視した生産活動を継続してきた。

とはいえ、中国人民側には選挙権がないため、彼らは環境問題を政治的に解決するすべを持たない。

環境を破壊して達成された経済成長のツケは、すべてが中国人民に押し付けられる。環境破壊を行なった張本人である富裕層は、続々と外国に資本を移し、まずは家族、そして最終的には本人も国を捨てて逃亡する。

人民から搾取する植民地国家

14年3月30日、中国の広東省《かんとん》茂名市《もめい》でパラキシレン工場建設に反対する1万人規模のデモが発生。地元政府は武装警察を動員し、催涙弾や高圧放水で鎮圧した。武装警察に殴打され、市民8人が死亡し、負傷者は数百人。共産党政府は早期の段階で情報統制に乗り出し、ネット上の書き込みが大量に削除される事態になっている。

中国では現在、年に20万件近い暴動、政府への抗議行動が発生していると「言われている」。以前の共産党政府は、年間の暴動件数を律儀に公表していた。ところが05年に年間の暴動件数が8万7000件（!）を超えたという発表を最後に、公表しなくなってしまった。06年以降、年間の暴動件数が10万件を超すようになったためと考えられている。

現在は、少なくとも一日に500件以上の暴動が発生している計算になるが、なにしろ中国人民には選挙権がない。投票行為で「政治的」に問題を解決できない以上、中国人民に残された手段は陳情、賄賂という手段に訴えるしかなく、それでもだめならば「暴動」に走るしかないのだ。

茂名市のパラキシレン工場建設は、石油大手の中国石油化工集団が地元政府と連携し、プロジェクトを立ち上げようとしたものだ。

地元政府とは言っても、地域住民の投票で選ばれたわけではない。北京政府から派遣された共産党官僚である。大手企業が共産党官僚と結託し、地元の「環境」「安全」を無視してプロジェクトを進める。おなじみのパターンだ。

現在の中国では、地元の環境や地域住民の健康を犠牲にし、大企業と共産党官僚という「赤い貴族」たちが所得を独占する。十分に所得を稼いだ官僚は、まずは資産と家族を外国に移し、最後には自らも「中華人民共和国」から脱出する。

結局のところ、中華人民共和国は共産党官僚や太子党《たいしとう》といった赤い貴族たちが、国土や「人民」を犠牲にし、自らの所得を最大化したうえで他の国に「移る」という、一種の植民地国家なのだ。

帝国主義の時代、欧米諸国はアジア、アフリカ諸国を軍事的、政治的に支配下に置いた。現地で植民地人の犠牲のうえに自らの所得を最大化した「外国人」が、折を見て母国に「帰る」搾取《さくしゅ》型の植民地政策を実施したのだ（台湾や朝鮮半島など、支配下に置いた国・地域の住民に教育を与え、律儀にインフラ整備を行なったのは日本だけである）。

現在の中国は、太子党や共産党官僚といった赤い貴族たちが、「同じ国に住む人民」から搾取するタイプの植民地国家なのである。

当然ではあるが、中国の支配層は「人民の反乱」をもっとも恐れている。中国人民解放軍が、中国人民ではなく「中国共産党」を守る軍隊であるのは、そのためなのだ。

また、中国共産党指導部は、「支配下」にある人民の不満を抑えるため、経済を成長させることで自らの権威を強化することを続けてきた。

中国の環境破壊が後戻りできないレベルに達してしまったのは、企業と共産党官僚の癒《ゆ》着《ちゃく》に加え、共産党が自らを守るために、経済成長を環境保護よりも優先せざるを得なかったという事情もあるわけだ。

08年のリーマン・ショック以降、世界的に需要が縮小し、中国は「輸出」という経済成長のエンジンの一つを失った。その後の中国は、国内への投資、特に不動産投資を中心になんとかＧＤＰを拡大してきた。「最後の砦《とりで》」である不動産バブルが崩壊するとなると、まさに中国の支配層は「共産革命」を恐れなければならない状況に追い込まれるわけである。

もっとも、現在の中国における不動産価格の下落は、政府主導と言えないこともない。なにしろ、中国の中央銀行である中国人民銀行は、2月の旧正月（春節）明け以降、金融市場から資金（人民元）を吸収するフォワードレポ取引を継続している。すなわち、金融の引き締めである。

人民銀行は、8週間で差し引き1兆3600億元（約17兆3500億円）の人民元を引き上げ、マネタリーベース（通貨供給量）を縮小した。

中国人民銀行の金融引き締め政策は、すでに始まっている中国の不動産バブルの崩壊を加速することになるだろう。というよりも、そもそも中国共産党は、国内不動産価格が人民の所得水準と比べ、あまりにも乖離《かいり》した水準にまで高騰したことを受け、あえて「バブル潰《つぶ》し」をもくろんでいるようにも見える。

中国の不動産バブルが本格的に崩壊を始め、投げ売り状態になった場合、何が起きるだろうか。**とりあえず確実なのは、失業率の急騰と、不動産プロジェクト関連を中心とする理財《りざい》商品（高利回りの資産運用商品）のデフォルト多発になる。**

失業にせよ、理財商品のデフォルトにせよ、害を被るのは中国の一般人民であり、太子党をはじめとする赤い貴族たちは、すでに財産や家族を外国に移している。あるいは、移し始めているわけだ（そして、最後は自分も逃げる）。

じつのところ、中国の赤い貴族たちは、ウォール街を中心とするグローバル投資家たちと行動パターンが酷似している。と言うより、中国外に逃げた赤い貴族が、そのままグローバル投資家と化しているというケースも少なくないのだろうが、彼らに共通するのは「国民意識（ナショナリズム）のなさ」である。

真剣に「中国という国家」や「中国人民」について考えている共産党員や太子党など、一人も、本当に「一人も」存在しないだろう。

国家、国民のこと、あるいは「経世済民《けいせいさいみん》」のことを考えるのが「国民主義者（ナショナリスト）」であるとするならば、中国の赤い貴族やウォール街のグローバル投資家たちほど、この種の思想と縁遠い人々はいない。そういう意味で、ウォール街のグローバル投資家と中国共産党が、やたら意気投合して見えるのも、当然という話になる。

日本では、いまだにアメリカを中心とするグローバル資本家と、「中国共産党」が対立構造にあると考えている人が少なくない。

冷戦時代の、アメリカの「反共」姿勢の延長線上に現在があると勘違いしているのだろうが、旧ソ連はともかく、中国共産党が支配する「中華人民共和国という名を持つグローバリズム」は、実際にはウォール街の「飯の種」の一つにすぎない。

不動産バブル崩壊後に中国で発生する混乱は、中華人民共和国という「国家」ではなく、「中国というグローバリズム」が崩壊していく過程として見なければ、問題の本質を見誤ってしまう。

「共産国家中国」が混乱に陥るのではなく、「中華人民共和国という名を持つグローバリズム」が、終焉《しゅうえん》めがけて突き進むのだ。

すなわち、**現代という時代は、先進国の通貨同盟である「共通通貨ユーロ」と、共産独裁国「中華人民共和国」が、同じ「イズム（教義）」に基づく問題を抱えるという、不可解な状況にあるわけだ。**すなわち、グローバリズムである。

グローバリズムとは、モノ（サービス含む）、ヒト（労働者）、カネ（資本）という経済の三要素について「国境を超えた移動」を自由化するという発想である。国境における各国政府の規制を可能なかぎり排除し、モノ、ヒト、カネが自由自在に動き回れば、経済は成長するという考え方だ。

ユーロ圏の場合、マーストリヒト条約やシェンゲン協定といった各種の「国際条約」により、欧州の多数の国を「ユーロ・グローバリズム」の下で統合。実際に、製品の輸出入に際した関税を互いに撤廃し、サービスの制度を統一。労働者はもちろん、観光客の国境検査も廃止し、資本移動の自由化も実現している。

さらには、ユーロ加盟各国は自ら「金融主権」を放棄し、共通通貨までをも実現してしまった。

国際金融のトリレンマ（「固定相場制」「独立した金融政策」「資本移動の自由」の三つは、同時に二つまでしか達成できない）により、各国が資本移動を自由化し、同時に通貨同盟を実現するためには、金融政策の独立を放棄しなければならないわけだが、それにしても愚かな選択をしたものだ。

金融主権を放棄し、財政政策の自由も制限されているため、ユーロ圏は現在の「バブル崩壊後のデフレ化」という問題への対応能力を完全に欠いている。結果的に、スペインやギリシャなどでは失業者が「暴動」で問題を解決しようとしているわけだ。

すなわち、選挙権がないゆえに、政治的に問題を解決できない中国人民と、先進国であるはずの南欧諸国の国民が、まったく同じ行動をとっているのである。非常に興味深い。

アメリカ覇権は終焉に向かう

「グローバリゼーション」が終わる日

トリレンマと言えば、国際金融の他に「国際政治のトリレンマ」というものも存在する。すなわち「民主主義」「国家主権」そして「グローバリゼーション」の三つは、同時に二つまでしか実現することができないというものだ。

中華人民共和国は、民主主義を「人民」に与えないことで、国家主権を維持しつつ、グローバリゼーションに自らビルトインした。

ユーロ加盟国のほうは、本来は「国家主権」をある程度放棄し、民主主義とグローバリゼーションを同時に達成したはずなのだが、現実には「国家主権の喪失」と「民主主義の機能不全」が同時進行している。雇用環境が極端に悪化した各国の失業者は、民主主義で状況を改善できないことを理解し、次第に暴徒化していっているというわけだ。

ところで、前述のとおり、グローバリズムとはモノ（サービス含む）・ヒト（労働者）・

カネ（資本）という経済の三要素について「国境を超えた移動の自由」を実現することだ。日本国内では、グローバリズムについて「自由貿易」と表現する人が少なくない。

結果的に、多くの日本国民が勘違いしているように思えるわけだが、実際にはグローバリズムとは「すべての国家による規制（ルールの強制）をなくす」という意味ではない。

たとえば、国家の規制がない、真の意味での「自由貿易」が実現した場合、何が発生するだろうか。国境を超えてビジネスを展開する人々は、公益や取引におけるコストをすべて自ら負担しなければならない、という話になってしまうのだ。国家の規制が存在しないとは、「国家の保護」がないこととイコールなのである。

「自由貿易」が真の意味で「自由」だった場合、交易者の取引コストは激増する。なにしろ、「すべて」を自分たちのリスクで行ない、国家に頼ることは一切できないわけだ。

現在の「グローバリゼーション」が、真の自由貿易だった場合、国境を超えてモノやサービスを販売し、投資し、外国人労働者として働く人々は、あらゆる問題に対し「自己責任」で対処しなければならなくなってしまう。

たとえば、外国に投資した投資家は、投資相手国がいきなり契約を反故《ほご》にし、資産を没収するといった暴挙に出た場合に、「自力」でなんとかしなければならなくなるわけだ。

なにしろ「自由」であるため、彼らは自らの母国政府を当てにすることができない。相手国に乗り込み、相手国政府と折衝し、自らの投資の返還を求めなければならなくなるのである。外国人が、

「不正に資産を没収された！　返還を求める！」

と、騒ぎ立てた際に、

「はい、わかりました。それでは接収した資産を返還します」

などと、素直に従ってくれる政府であれば、そもそも初めから強制的な資産没収などやらないだろう。

というわけで、現実の世界では「法が未整備な国、政府が強権をもって外国人の資産を没収しかねない国」に投資する際の「保険」として、ＩＳＤ《アイエスディー》（投資家対国家紛争解決）といった仕組みが発達した。そういう意味で、法治主義が行き渡り、成熟化した先進国同士の貿易協定にＩＳＤを含めるのは奇妙な話ではある。

それはともかく、現在の世界における自由貿易とは、実際には「自由」貿易ではない。単に、各種の「ルール」が統一された環境における、モノ・サービス・カネ・ヒトの移動の自由化にすぎないのだ。

自由貿易とはいっても、「無法」貿易ではない。各種の「ルール」が統一されており、各国が互いにルールを守ることを宣言しているからこそ、自由貿易が成り立っているにすぎない。

逆に言えば、統一されたルールを破る存在（国家）に対し、ルール順守の強制力を持つ存在なしでは、自由貿易もグローバリズムも成り立たないという話になる。現代の世界において、各国にルール順守を強制することができる存在は、もちろんアメリカだ。

現在のグローバリゼーションは、所詮《しょせん》は覇権国家アメリカの存在を前提にしたアメリカナイゼーションでしかなかったのだ。

アメリカが各国にルール順守を強制する力を持たなくなったとき、現在のグローバリゼーションは終わる。あるいは、自由貿易という「経済」問題よりも、安全保障強化や国益追求、あるいは「野望」「野心」を優先する国が出現し、その国がアメリカの覇権を無視した場合にもまた、グローバリゼーションが終わる。

管理者たるアメリカが「統一されたルール」を維持することができない以上、交易者（国境を超えて移動する労働者を含む）の取引コストが激増してしまい、結局は、誰もが自らが所属する「国家」に頼らざるを得なくなるのである。

ウクライナ・クリミア紛争とアメリカの凋落

2014年に入って、すでに「覇権国家アメリカ」のパワーの凋落《ちょうらく》を象徴するような紛争が発生している。すなわち、14年2月後半に勃発した、ウクライナ・クリミア紛争だ。

そもそもクリミア半島は、1768年に勃発した露土《ろと》戦争（ロシア帝国とオスマン帝国〈トルコ〉の戦争）に勝利したロシアが、1783年（エカテリーナ女帝の時代）にクリミア・ハン国を併合して以来のロシア領であった。ところが、ソ連邦時代、1954年に当時のフルシチョフ書記長がクリミア半島をウクライナに譲渡してしまう（フルシチョフはウクライナ出身の書記長だった）。

もっとも、ロシアの黒海艦隊がクリミア半島のセバストポリを本拠としていたこともあり、ロシア側は「クリミア半島はロシア領」と普通に認識し続けた。なにしろ、クリミア半島に居住する住民の6割がロシア系で、話されている言語も9割がロシア語だったのだ。

14年3月16日、混乱が続くウクライナのクリミア自治共和国とセバストポリ特別市で住民投票が実施され、圧倒的多数でロシア連邦への編入が決まった。その後、3月18日に、ロシア連邦がクリミア自治共和国とセバストポリ特別市をロシア領として編入することを宣言した。

今回のウクライナ・クリミア紛争を、

「ロシアの悪逆非道《あくぎゃくひどう》なプーチン大統領が、かわいそうなウクライナから武力と策略で領土を奪い取った」

などと認識している人がいたとしたら、あまりにもステレオタイプであり、同時にナイーブだ。現実は、それほど単純ではない。

そもそもの問題の発端は、ウクライナの経済破綻である。08年のリーマン・ショックをきっかけとした世界的な経済危機を受け、ウクライナは事実上、デフォルト（債務不履行）。ＩＭＦから緊急融資を受け、経済の再生を目指していた。

13年11月、ウクライナの「民主的な選挙で選ばれた」ヴィクトル・ヤヌコヴィッチ大統領が、ＥＵ（欧州連合）に加盟するプロセスをストップさせ、欧州連合協定への調印手続きを白紙化する。原因は、ウクライナ側というよりは、むしろＥＵ側にある。

ヤヌコヴィッチ大統領は、ウクライナ経済の支援として、ＥＵに１６００億ユーロの融資を求めていた。それに対し、ＥＵ側が示した支援額は、わずか６億ユーロ。さらに、Ｅ

Uは支援の条件として、ウクライナにＩＭＦの構造調整計画（要するに緊縮財政）を受け入れるように求めたのだ。

別に、ウクライナやスペインに限らず、国民に痛みを強いる緊縮財政は人気がない。世界の多くの国の国民は、

「国民は痛みに耐えてほしい！」

などとポピュリズム丸出しで訴える政治家を支持するほど、お人よしでも愚かでもないのだ。15年に大統領選挙を控えていたこともあり、ヤヌコヴィッチ大統領にとってＩＭＦに緊縮財政を強要されるなど、悪夢としか言いようがなかっただろう。

というわけで、ヤヌコヴィッチ大統領は欧州連合協定への署名を見送り、ロシアに接近した。ロシアのプーチン大統領はヤヌコヴィッチ大統領と会談し、13年12月17日に、

「ロシアがウクライナに供給する天然ガスを33％割り引く」

「ロシアがウクライナに対し150億ドルの金融支援を実施する」

ことが決定されたのである。

これで怒り心頭に発したのが、ウクライナ西部の親欧派である。首都キエフを中心に、大々的な抗議活動を展開し、2月22日にはデモ隊の一部がウクライナ大統領府に突入。ヤ

ヌコヴィッチ政権を「非民主的」なクーデターで転覆させ、ロシアの介入を招く羽目になった。

現在もウクライナを支配する「暫定政権」は、民主主義的なプロセスではなく、クーデターにより成立した政権なのだ。

ところが、なぜか欧米側は「非民主的に成立した暫定政権」を支持し、ロシア側が「民主的に選ばれたヤヌコヴィッチ大統領」を支援している。結局のところ、欧米の政治家が口にする「民主主義」が、単なる方便《ほうべん》にすぎないことが理解できないだろうか。

ロシアのプーチン大統領は、ウクライナ・クリミア紛争の当初から「アメリカの覇権」を無視し、経済よりも自国の安全保障強化を優先する姿勢を見せた。特に、ロシアの黒海艦隊の基地があるクリミア半島が「ＥＵ」に組み込まれるなど、プーチン大統領にとって我慢《がまん》の限界を超える話だったのだろう。

現在のロシアは、自らの「武器」として軍事力よりもむしろ、欧州にパイプラインで輸出している天然ガスを容赦《ようしゃ》なく使っている。エネルギー安全保障を盾に、ロシア側は欧米と対峙《たいじ》しているのだ。

欧州とロシアの間にガスパイプラインが整備されていったのは、１９９２年のソ連崩壊後である。ソ連が崩壊し、世界はアメリカを唯一の覇権国家とするグローバリズム路線を突き進んだ。結果的に欧ロ間でパイプラインネットワークが建設され、欧州はロシアから天然ガスを低コストで輸入できるようになったのだ。

とはいえ、これは、

「ロシア側が、パイプライン経由で輸出する天然ガスを適正な市場価格で欧州に販売し、ガスの輸出規制はしない」

という「ルール」が成立していなければ、成り立たない仕組みなのである。

現実のロシアは、04年のウクライナ・オレンジ革命時点から、天然ガスの供給者であるという立場を容赦なく活用し、自国の国益や安全保障強化のために使っている。すなわち、「グローバリズム」のルールを無視する動きに出ていたわけだが、14年のウクライナ・クリミア紛争では、ついに、

「アメリカはロシアにルール順守を強制することはできない」

という現実が明らかになってしまった。

アメリカがウクライナに対するロシアの介入や、クリミア編入を食い止めたいならば、初期段階で軍隊を派遣しなければならなかった。

欧州のガスパイプライン網

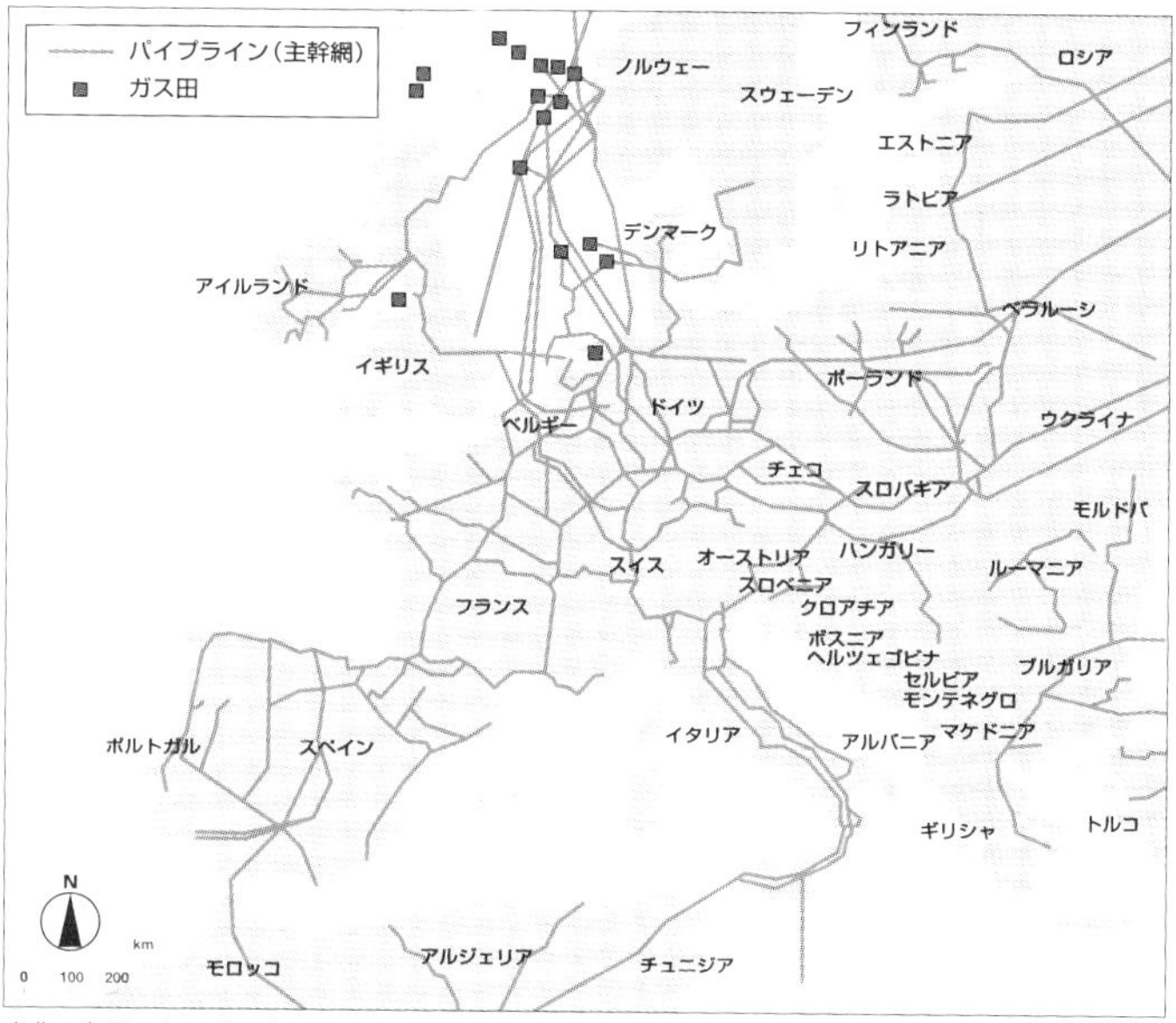

出典：資源エネルギー庁

とはいえ、13年のシリア危機以降、アメリカは外国での軍事力行使について明らかに及び腰になっている。すなわち、覇権国家としての役割を放棄しはじめており、プーチン大統領はもちろんそれに気が付いていたのだろう。

欧州は（今から考えると）愚かなことに、自国のエネルギー供給について「パイプライン」で送られてくるロシア産天然ガスへの依存を深め、LNG（液化天然ガス）プラント等への投資を疎《おろそ》かにしていた。結果的に、欧州は、「ロシアが天然ガスのパイプラインを止めると、代替手段が事実上ない」環境を自ら構築してしまったのである。

天然ガスをＬＮＧ（液化天然ガス）で輸入していたならば、ロシアが供給を止めた際の代替手段がある。値段は高くなるだろうが、カタール等の中東諸国やマレーシア、インドネシア、豪州などからＬＮＧで天然ガスを海上輸送すればいいのである。

ところが、現実にはパイプラインでの輸入を続けていたため、ロシア側が本気でガス供給を止めると、いきなり「お手上げ」になってしまうのだ。

一応、欧州は過度なロシア依存を問題視しており、アゼルバイジャン産の天然ガスを「ロシアを通らない」形で輸入するべく、パイプラインを建設していたのだが、間に合わなかった。

結果的に、**今回のウクライナ・クリミア紛争は、欧米側がいかに経済制裁をエスカレートさせたとしても、最終的にはロシアの勝利に終わるだろう。**クリミア半島を自国領とするという「偉業」を達成したプーチン大統領にとって、欧米の経済制裁など些末《さまつ》な話である。しかも、半年もすれば、欧州諸国がロシアから天然ガスを輸入せざるを得ない「冬」

がやってくる。

ロシアの天然ガス依存が高いドイツを中心に妥協が図られ、いずれ「なんとなくオチが付く」と計算していると思われる。

結局のところ、自由貿易やグローバリゼーションが、「すべての国がルールを守り、ルールを守らない国については覇権国家が懲罰を加え、平時が続き、安全保障上の問題は発生しない」という、恐るべき「お花畑的環境」のうえでしか成立し得ないことが、今回のウクライナ・クリミア紛争を通じて明らかになったのである。

無論、いきなりアメリカによる覇権、すなわち「パックス・アメリカーナ」が終焉《しゅうえん》するという話ではない。とはいえ、アメリカの覇権が「終焉に向かっている」のは確かである。

われわれはG0・5の世界を生きている

時代の主流はグローバル経済から国民経済へ

イアン・ブレマー（アメリカの政治学者）はアメリカ（G1）の覇権が終わりつつある現実について、「Gゼロの世界」と表現しているが、現実はやや異なるだろう。

一応、現時点でもアメリカは世界で唯一の覇権国家であり、その力が衰えつつあるという段階にすぎない。

すなわち、現在の世界はGゼロではなく、「G0・5の世界」と表現するのが正しいのだ。

思えば、「一つ前のグローバリズム」、すなわち1800年代末から1914年までの「第一次グローバリズム」の時代、覇権国家はイギリスであった。イギリスのパワーは次第に衰えていき、数十年かけて覇権国家の交代が行なわれた。すなわち、覇権国がアメリカへと移り変わったのだ。

覇権国家が交代する過程で、ある意味で現代以上に盛んだった当時のグローバリズムは終わった。

そして、今、第二次グローバリズムを維持してきたアメリカの覇権が衰えつつある。ロシアのプーチン大統領を筆頭に、「G０・５の状態」を鋭敏に感じ取り、グローバリズムではなく「国民主義（ナショナリズム）」に基づく経済を求める政治家が次々に出現することになるだろう。

すなわち、**グローバル経済から「国民経済（ナショナル・エコノミー）」へと、時代の主流が移り変わろうとしているのだ。**

「G０・５」から真の意味における「Gゼロ」へ、世界が変貌を遂げるにつれ、共通通貨ユーロ、中国共産党による中国人民の支配、そして覇権国家アメリカそのものも大きく揺るがざるを得ない。

おのおのが抱える環境に応じて、Gゼロの世界における各国は、見事に統一性がない姿形へと変貌《へんぼう》を遂げると思われる。

安倍総理は周回遅れのグローバリスト

翻《ひるがえ》って、わが国はどうだろうか。

もともと、日本には健全な国民意識（ナショナリズム）が根づいており、グローバリズムの影響も、相対的に受けていない好位置につけていた。

ところが、2012年末に発足した安倍政権は、TPP交渉参加、消費税増税と法人税減税、国家戦略特区の設置、電力やガスサービスの自由化など、時代遅れのグローバリズム的政策を次々に推進しようとしている。正直、**現在の安倍晋三内閣総理大臣は、筆者には「周回遅れのグローバリスト」にしか見えないのだ。**

特に問題になりそうなのが、各種の労働規制の緩和である。14年に入って以降、安倍政権はまさに怒濤《どとう》の勢いで労働規制を緩和し、労働市場における競争を激化させ、国民の賃金水準を引き下げる政策を打ち出してきた。

すなわち、企業のリストラを容易にし、派遣労働を増やし、女性や外国人を新たに労働市場に投入し、労働者間の競争を激化させるタイプの労働政策ばかりを推進しようとしているのだ。

しかも、労働規制緩和の理由が、「実質賃金を引き下げ、企業の国際競争力を高める」であるわけだから、あきれ返ってしまう。輸出依存度14％のわが国の経済政策において、なぜ「グローバル市場におけるシェア獲得」が中心にならなければならないのだろうか。まったく理解できない。

4月1日に消費税が増税され、今後の日本では本書で繰り返し取り上げる「実質賃金」の問題がクローズアップされることになる。

厚生労働省が4月1日に発表した毎月勤労統計調査（速報値）によると、2月の事業所規模5人以上の現金給与総額は、一人平均で26万2308円と、前年2月と変わらなかった。とはいえ、すでに物価のほうは上昇を始めている。

物価の変動を考慮した実質賃金で見ると、前年比1・9％減。なんと、8カ月連続の減少である。物価上昇に、賃金上昇の伸びがまったく追いついていない現状が浮き彫りになったわけだ。

消費税増税は「強制的な物価の引き上げ」になる。14年4月以降の実質賃金は、下手をすると3％を超すマイナスということもあり得る。そして、実質賃金の低下は、国民の購買力の縮小だ。

「実質的に賃金が低下した。消費や投資を増やそう！」

などと思う国民は、一人もいない。

結果、消費税増税を引き金に、国内の消費や投資が減り、それ自体が別の誰かの所得を引き下げるというデフレの悪循環が舞い戻ってくる可能性があるのだ。その場合であっても、安倍政権や政権の周辺を固める学者、官僚、「民間議員」たちは、

「実質賃金の低下は、企業の国際競争力（注：正しくは価格競争力）が高まるため、かえって良いことである。実質賃金が下がれば、輸出が増える『はず』である」

と、言ってのけるのだろうか。国民の貧困化を前提にした「経済成長路線」とやらに、価値があるとは思えないわけだが。

しかも、現実の安倍政権は消費税増税に加え、労働市場の「競争を激化」させることで、実質賃金を引き下げようとしている。

配偶者控除見直しにより、女性の「低賃金労働市場」への参加を促進。派遣社員の受け入れ期間上限を「廃止」することで、企業の「正規社員から派遣社員への切り替え」を後押し。労働移動支援助成金を拡大し、大企業にも適用可能とすることで、企業の人員解雇

を促進。そして、極め付けが「移民年間20万人受け入れ」や、外国人技能実習制度の期間延長（3年から5年へ）である。

企業のリストラを容易にし、派遣労働の規制を緩和、労働市場に女性や外国人労働者など「新たな労働者」を供給することで、競争を激化させる。結果的に、賃金水準は抑制され、企業は人件費を節約でき、グローバル市場における「国際競争力（注：しつこいが、実際には価格競争力）」が高まる、という寸法だ。

政府の経済財政諮問会議で検討が始まっている「移民年間20万人受け入れ」の理由は、表向きは「今後100年間、人口の大幅減を避けるため」となっている。だが、現実には「現在」の実質賃金の上昇を防ぐためなのである。

すなわち、**国民の実質賃金を引き下げ、「グローバル競争に勝つ」という時代遅れの政策が「現在の日本にとって正しい」と認識しているのだ。**時代がグローバリズムからナショナリズムへと移り変わろうとしているこの時期に、「グローバルで勝つ」などとやっているわけだから、周回遅れと評されても仕方があるまい。

人手不足を外国人労働者で補うのは愚策

恐ろしいことに、公共事業などにおける「人手不足」問題までもが、外国人労働者の導入に利用されようとしている。外国人技能実習制度を拡大する理由が、「一時的な建設需要への対応が必要」となっているのだ。

とはいえ、現実には外国人労働者は建設の現場では役に立たない。理由は「危ない」ためだ。

最近の土木業、建設業は政府（国土交通省）の規制が厳しくなっており、とにかく「安全」を優先しなければならない状況になっている。事故を起こすと、会社全体がペナルティを強《し》いられてしまうのだ。

建設の現場では、さまざまな安全管理、事故防止の対策を徹底し、特に作業員の「ヒューマンエラー」を最小化することが求められる。各対策についてチェックリストが作成されており、現場監督者は「確認者」としてサインしなければならないのだ。

工事事故防止のマニュアルを読めば誰でも理解できるのだが、現場でもっとも重要なのは「円滑なコミュニケーション」である。たった一人の作業員が指示等を理解せず、

建設業と製造業の年間賃金水準の推移

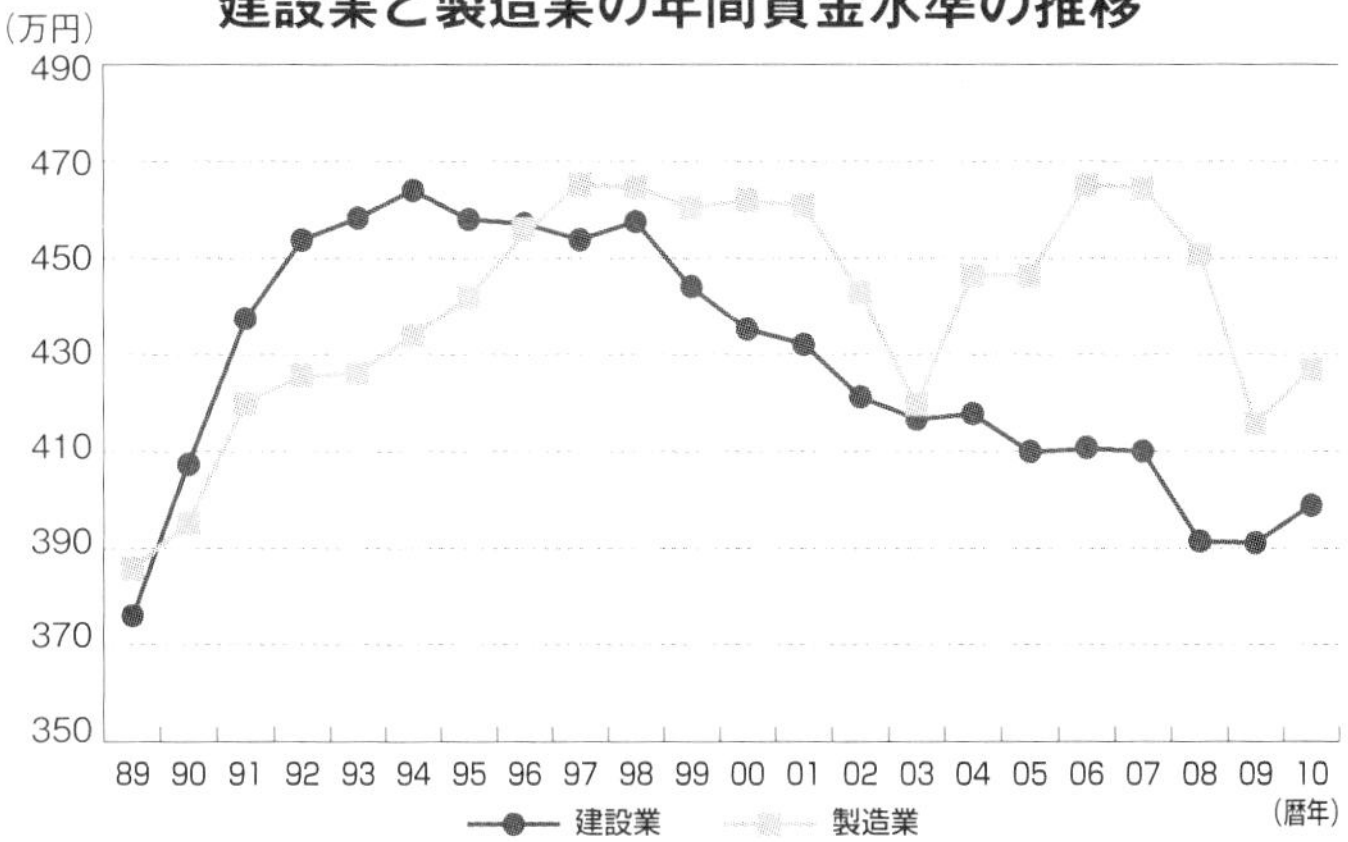

出典：国税庁「民間給与実態統計調査」

ヒューマンエラーを犯してしまうと、現場全体や会社に多大な損害が発生してしまう（そもそも人命に危険が及ぶ）。

しかも、わが国は世界屈指の自然災害大国だ。自然災害が多発する以上、日本国の土木・建設の需要は「日本国民」の手で担わなければならない。国民の安全保障にかかわる分野について、「外国人頼み」など許される話ではない。

というわけで、ゼネコンを含む各建設業の経営者たちが、「外国人は危ないから無理」という反応を示し、全国建設労働組合総連合（建設業で働く全国の労働者でつくる組合）が、労働者の待遇の改善を求める集会を開き（14年3月26日）、下請けを含むすべての建設労働者の賃金引き上げ、および労働環境の改善の要請を決議したのは、当然すぎるほど当然なのだ。

現在の日本が完全雇用を達成していない以上、建設現場での人手不足は「賃上げ」により相当程度は解消できる。

前ページの図のとおり、バブル期はじつは建設業の賃金水準が製造業を上回っていた。ところが、1998年のデフレ深刻化以降、建設業の賃金水準がひたすら下落していき、製造業に逆転された状態が続いている。

ある意味で、**現在の土木・建設産業における深刻な人手不足は、働き手が「所得を増やす」絶好の機会と言える。**それにもかかわらず、人手不足を理由に外国人労働者を導入し、国民の実質賃金上昇の機会を奪おうというわけだから、愚策中の愚策としか言いようがない。

人手不足を外国人労働者で補ってしまうと、当たり前だが賃金水準は抑制され、国民は所得拡大の機会を逸《いっ》する。「いや、実質賃金が下がれば、企業の国際競争力が高まるので、いいんだよ」と言われ、納得する国民は果たして全体の何割程度存在するのだろうか。

安倍政権が現在の「実質賃金抑制路線」の政策を転換しない場合、国民の怒りを買い、レームダック（役立たずの政治家）化する可能性が高い。

安倍総理が真の意味で「瑞穂の国の資本主義」をめざし、国民の所得が増えることで「成長する日本を取り戻す」と考えているならば、あるいは長期政権を実現し、「戦後レジームからの脱却」という総理の長年の主張を実現したいと考えているならば、本書を参考に「政策転換」を果たしてほしいと切に願う次第である。

第2章

失速するアベノミクスへの提言

継続するデフレと国民経済の崖

ＧＤＰ微増ではデフレ脱却とは言えない

２０１３年11月14日、わが国の13年第３四半期の経済成長率の速報値が報じられた。内閣府が発表した13年７～９月期の国内総生産（ＧＤＰ）速報値は、実質値で対前期比０・１５％増。成長率は４四半期連続でプラスであった。

もっとも、わが国がデフレ期である以上、重要なのは実質ＧＤＰではなく、名目ＧＤＰの成長率になる。名目ＧＤＰ成長率が実質値のそれを上回っていれば、わが国がデフレ脱却に向かっていると判断できるためだ。

日本の第３四半期の名目ＧＤＰ成長率は、対前期比０・４％（年率換算１・６％）。名目ＧＤＰから実質ＧＤＰを計算する際に使用される物価指数、すなわちＧＤＰデフレーターは、対前期比でマイナス０・１％。第２四半期はプラス０・１％だったため、少なくとも第３四半期はデフレ脱却ではなく「デフレ化」が進んだことになる。実質ＧＤＰ成長率が

日本のGDPデフレーターの推移

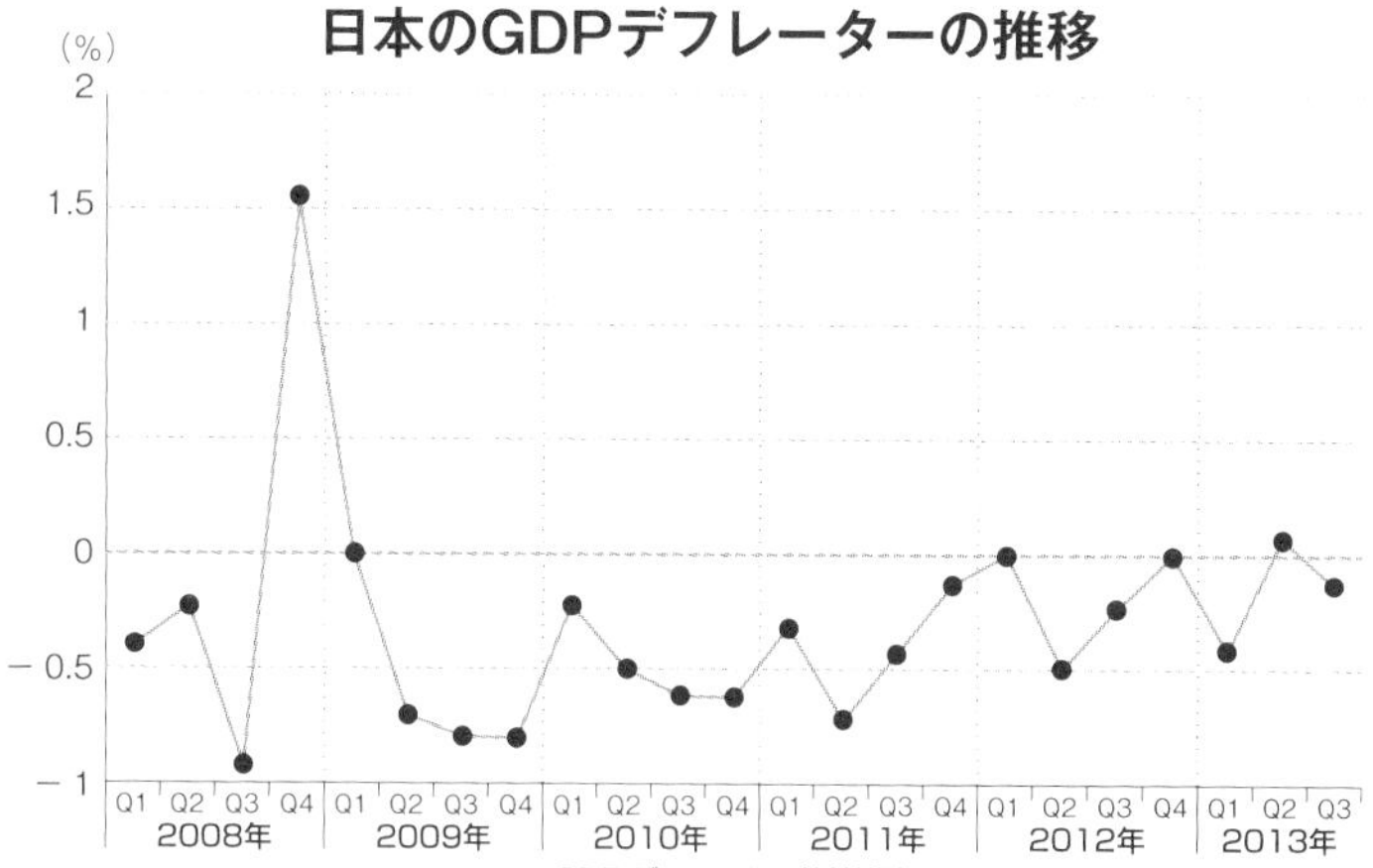

出典：内閣府「国民経済計算」

減速したことよりも、こちらのほうがショッキングだ。わが国はいまだデフレなのだ。

そもそも、対前期比のＧＤＰデフレーターがプラス０・１％（13年第２四半期）になったところで、デフレ脱却とはお世辞にも言えない。

さらに、第３四半期の日本はＧＤＰデフレーターの上昇率が高まるどころか、マイナスに逆戻りしてしまったのだ。

その後、14年３月10日に発表された第４四半期（13年10～12月期）の国内総生産（ＧＤＰ）の二次速報値では、物価の変動をのぞいた実質成長率（年率）が前期比０・７％に下方修正され、１％台を割り込んでいる。

内閣府の資料を見るかぎり、第３四半期の

GDP成長を牽引《けんいん》したのは外需（純輸出）ではなく内需である。

実質値で見た内需の寄与度が0・9％、外需がマイナス0・5％、名目値では内需寄与度が1・1％、外需がマイナス0・7％。じつは、安倍政権発足後に外需が成長に大きく貢献したのは、第1四半期のみで、第2四半期も「辛《かろ》うじて貢献」する程度にすぎなかった。それが第3四半期からは、外需はむしろ「足を引っ張る」状況になっている。

13年の第1四半期、アベノミクス効果で円安が進み、大手輸出企業の業績が好転した。結果的に、外需のGDP成長に対する寄与度は高まった。

ところが、13年5月以降に円安が一服し、外需の成長寄与度は下がっていく。ついに、第3四半期にはマイナスに落ち込んでしまったわけである。

また、第3四半期のGDPの内需項目を見てみると、民間住宅投資が実質で2・7％、名目で3・4％と好調だ。これはもちろん、消費税増税前の駆け込み需要が原因だ。

残念ながら、住宅の駆け込み投資は13年9月30日をもって終了し、翌10月に急減速してしまった。

少なくとも13年第4四半期以降は、民間住宅投資はGDPの牽引役とはなり得ない。

じつは、第3四半期の成長にもっとも（％で見て）貢献したのは、公的固定資本形成

（公共投資）である。実質値で６・５％、名目値で６・６％。

逆に、肝心要《かんじんかなめ》の個人消費と設備投資は成長率が鈍ってしまった。両項目ともに「辛うじてマイナスではない」という状況である。

特に、アベノミクスによる株高が頭打ちになったせいか、個人消費がプラス幅を大きく減らした（０・１％増）影響は大きい。

株価上昇のみでは消費は拡大しない

結局、２０１３年1月以降の高い成長率は、「アベノミクスによる株高を受けた個人消費拡大」「アベノミクスによる円安を受けた純輸出、設備投資拡大」が支えていたことがわかる。

円安、株高の進行がストップした結果、消費税の駆け込み需要を除き、民需は低迷状態に陥った。

わが国はいまだに「民間主導の経済成長」の局面には至っていないのだ。しかも、ＧＤ

Pデフレーターがマイナスである以上、明らかにデフレが継続している。

この状況で、その半年後に消費税増税という「崖《がけ》」を迎えたことになるわけだ。

結局のところ、**バブル崩壊後のデフレ期に、主導的に需要を牽引してくれるのは、政府しかないのである。**

目の前の需要が拡大しない状況で、民間が安心して投資を拡大するなどということは、あり得ないとまでは言わないが、なかなか困難という話だ（増税前の駆け込み消費などは除く）。

無論、日本銀行は金融緩和政策（量的緩和）を継続し、景気を下支えしようとするだろう。とはいえ、中央銀行は量的緩和で発行した「お金」の行き先を管理することはできない。

量的緩和のそもそもの目的は「デフレ脱却」、つまりは物価上昇である。日本銀行が発行した日本円は、財やサービスへの消費、投資に向かってもらわなければならない。

ここで言う投資とは、民間住宅投資、民間企業設備投資、公的固定資本形成（公共投資）の三つのみだ。株式投資や土地への投資、金融商品への投資は含まれない。

もちろん、株価が上昇していけば、キャピタルゲインを得た（あるいは「得る」）人が消費を増やしてくれるかも知れない。

そうなれば当然、財やサービスの価格に影響を与えるが、株価上昇「のみ」では無理だ。しかも、日本人はアメリカ人ほどには、

「株価が上昇した。ならば、消費を増やそう」

というシンプルな経済行動をとらない。

15年もの長期間、所得や物価が下落するデフレーションに苦しめられていた以上、当然だ。いまだにデフレから脱却できない日本経済は国民経済の崖（消費税増税）を乗り越えられるだろうか。

金融緩和は当然継続するとして、ポイントは経済対策の規模と詳細である。

ＧＤＰデフレーターが再びマイナスに落ち込んでしまった以上、安倍政権には「機動的な財政出動」といったつまらない話ではなく、「想定外の規模の財政出動」を一日本国民として心から望む。

株価乱高下は予想された事態

実体経済とは無縁の株価変動

２０１４年2月4日、世界同時株安の余波を受け、日経平均株価が６１０円下げた。日経平均は13年末の高値から、一カ月超で２２００円（約14％）も値を下げ、1万４０００円割れ目前に至った。

今回の日本株安（日本株だけではないが）は、筆者にとって予想された事態である。なにしろ、昨今の日経平均の上昇は、別に日本経済のファンダメンタル（基礎的事項）を反映したものでも何でもない。逆に言えば、2月4日までの株価急落も、日本経済の「弱さ」や「不透明感」とやらを裏づけたものでもないわけだ。

すなわち、実体経済とは無関係に株価が上昇し、下落したのが、ここ半年ほどの日経平均なのだ。

現在、日本のみならず、各国の株式価格は「先行指数」とは呼べない状況に至ってい

中央銀行はお金の行く先を管理できない

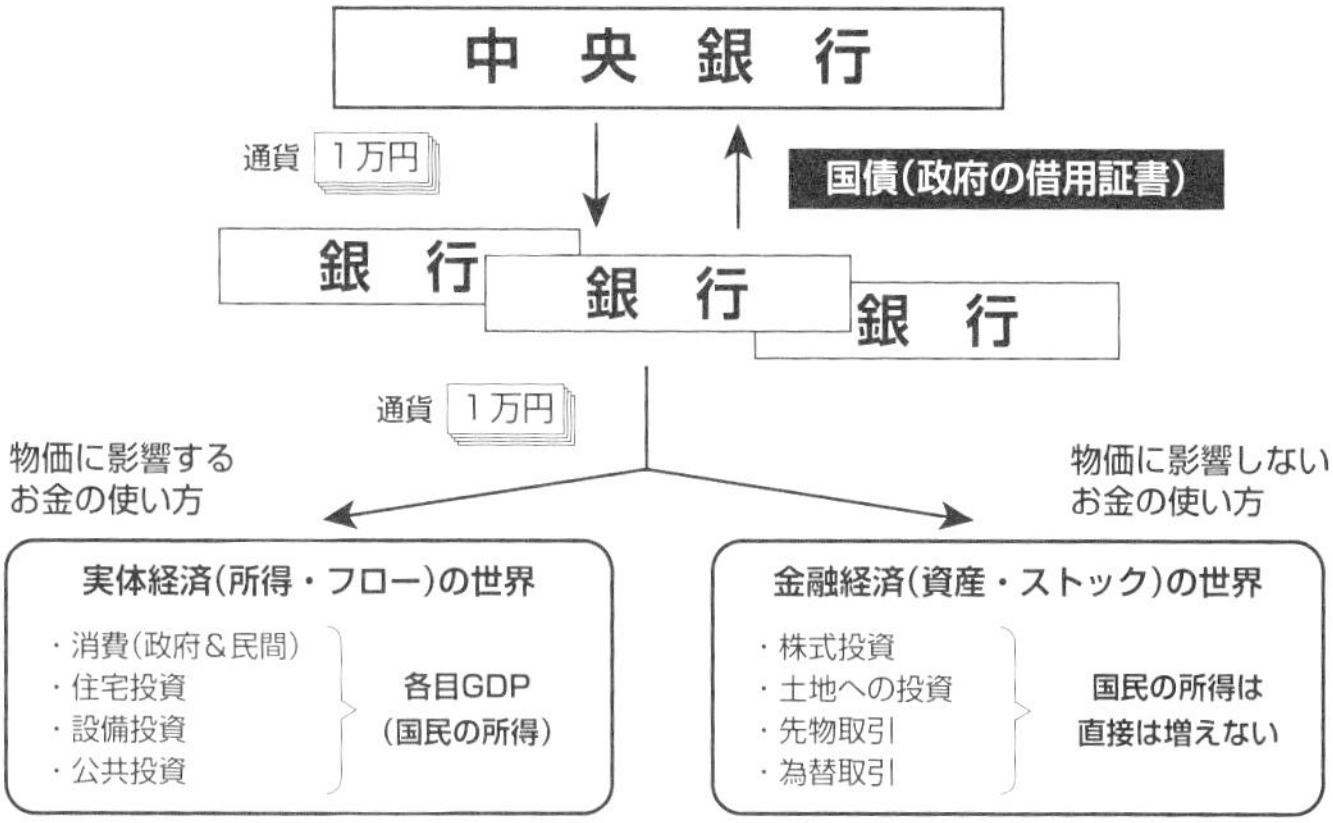

る。理由は、アメリカ、日本、イギリスといった主要国（ユーロ除く）の中央銀行が、こぞって金融政策を拡大しているためだ。

つまり、各主要国の中央銀行が発行した「通貨」が、実体経済（所得）に向かわず、自国の株式市場、あるいは「両替」されたうえでユーロや新興経済諸国の株式市場に流れ込み、株価を押し上げていたのだ。

上図のとおり、中央銀行が国内の民間銀行から「国債」を買い取り、通貨を発行する量的緩和政策において「中央銀行はお金の行き先を管理できない」。

当たり前だが、日本銀行が日本円を発行し、国内の銀行から国債を買い取る「のみ」では、日本国民の所得は増えない。

所得とは、日本国民が生産者として働き、生産したモノやサービスを、別の誰かが消費、投資として支出しなければ創出されないのだ。

日銀が銀行に発行したお金を「誰か」が借り入れ、実体経済において使ってくれれば、国民の所得が生まれる。

とはいえ、銀行からお金を借りた人が、株式投資や土地購入など「金融経済」の中で使ってしまうと、国民の所得は増えない。

ましてや、為替市場で外貨に両替され、ユーロ圏や新興経済諸国に投資されたのでは、国民所得に何の影響も与えない。

本来、日米英など金融政策を拡大している国々は、中央銀行が発行したお金を政府が国債発行で借り入れ、国内の実体経済の中で使わなければならないのだ。すなわち、財政政策の拡大だ。

もちろん、各国ともに財政政策は実施しているが、金額的に不十分であり、量的緩和で発行されたお金が、自国の金融経済や海外投資に向かう傾向が強いのが現実なのである。結果的に、ユーロ圏や新興経済諸国で金融バブルが発生していた。

特に、ユーロの状況はすさまじく、全体の失業率が11％を超える「超不景気」であるにもかかわらず、代表的な株価指数であるユーロストック50が史上最高値を更新し、同時に「ユーロ高」が発生していた。

要するに、金融政策を拡大している国々（特にアメリカ）が発行した通貨がユーロに両替され、株式市場に投じられていたわけである。同じスキームで、新興経済諸国でも通貨高と株高が同時に発生していた。

株高とはいえ、各国の実体経済の成長を反映したものではないため、筆者は「何らかのきっかけ」で、ユーロ圏や新興経済諸国で株式などの金融資産が売り払われ、ドルなどに「巻き戻る」可能性が高いと考えていたのだ。

ユーロや新興経済諸国からの巻き戻しが始まると、当然ながらドルが上がる。そして、**主要国と比べてインフレ率が低い日本円の為替レートは、ユーロや新興経済諸国の通貨はもちろんのこと、ドルに対してすら上昇する。すなわち、ドル安円高になる。**

結果的に、日本の株式市場の「取引」の過半を占める外国人投資家にとって、日本株が「売り時」になり、日経平均は暴落する。リーマン・ショック時と同じ現象が発生すると予想し、そのとおりになった。

株式市場が活況でも、国民の所得は増えない

今回の「きっかけ」は、2014年1月30日のFRBによる金融緩和の縮小だった。13年の「一度目の縮小」は、金融市場への織り込みがうまくいき、「きっかけ」にはならなかったが、二度目はダメだったわけである。

現在の安倍政権のデフレ対策の「肝」は、金融市場（株式市場など）における資産価格上昇による消費の拡大だ。金融市場にどれだけ莫大なお金が流れ込んでも、国民の所得は増えない。

とはいえ、株価上昇に気をよくした人が消費を増やしてくれれば、国民の所得が創出される。

いわゆる「資産効果」だが、安倍政権にとって残念なことに、日本の株式市場は為替レートに大きく左右される。株価はもはや先行指数でも何でもなく「円高か、円安か」を示す指標にすぎないのだ。

株式市場の「取引の主役」である外国人投資家は、単純に円安になれば日本株を買い増し、円高になれば売り払う。そして、日本円の為替レートは、国内の金融緩和のみなら

ず、外国の状況にも大きく左右される。

史上最大の金融緩和政策を実施している現在ですら、新興経済諸国やユーロ圏の金融市場の状況により、日本円の価値が上昇し、株価が下落するというケースは起こり得るのだ。そして、株価が大きく値を下げると、期待の資産効果も消滅する。

４月からの消費税増税も鑑《かんが》みれば、安倍政権は金融政策や成長戦略（という名の構造改革）ではなく、財政政策に経済政策の比重を移さなければならない。

資産効果による消費拡大「期待」ではなく、日銀が発行したお金を政府が借り入れ、直接的に国民の所得になるように使うのだ。

さもなければ、**４月以降の日本経済は、国民の所得が増えないなか、物価だけが上昇する事態になり、安倍政権への風当たりは一気に強まることになる。**

それどころか、ユーロ圏や新興経済諸国で更なる金融危機が勃発し、消費税を増税したにもかかわらず、物価が下落することになれば、「消費税増税」と「アジア通貨危機」でデフレが深刻化した、97年の橋本政権と同じ轍《てつ》を踏むことになってしまうだろう。

深刻な土建産業の弱体化

今の土建産業はインフレギャップ状態

日本の土建産業の供給能力不足が、深刻な問題としてクローズアップされつつある。東北の被災地を中心に、公共事業が応札されない入札不調が増えてきているのだ。

このままでは、自民党が法案を作成している国土強靭化《きょうじんか》はもちろんのこと、東京五輪に向けたインフラ整備や、東北の復興にすら支障が生じかねない。

１９８９年の日米構造協議以降の建設産業の規制緩和（公共事業の一般競争入札化など）、法改正（独占禁止法の強化）、そして97年以降の公共投資削減により、日本の土建産業は「供給能力を高める反対側で、需要が縮小する」という、過酷な環境下に置かれ続けた。

結果的に、建設業許可業者数は99年に60万社でピークを打ち、すでに47万社にまで減少した。雇用者数も、95年の６６３万人から５００万人を割り込むところまで減っている。

また、需要が縮小したのは公共投資に限らない。左図のとおり、わが国の民間を含めた

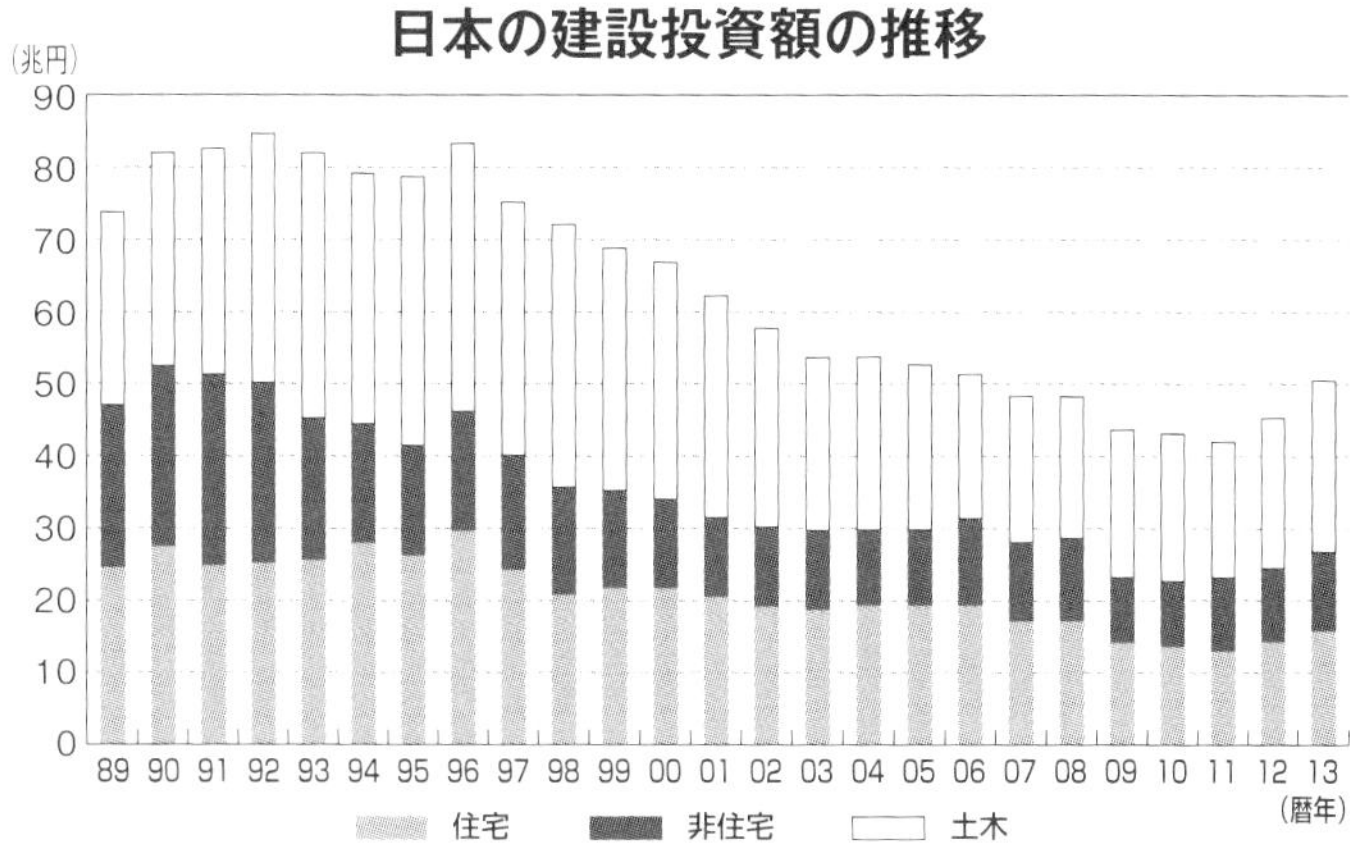

出典：国土交通省（12年、13年は見込値）

建設投資は、90年代前半には80兆円規模だった。それが一時は40兆円強にまで激減してしまったのである。土建産業の1年当たりの需要が、ピーク期から半減したのだ。

需要激減の影響で、企業が約13万社超、労働者が１６０万人超も市場から退場したところに、東日本大震災が発生。しかも、高度成長期に建設したインフラストラクチャーの更新時期を迎え、南海トラフ巨大地震、首都直下型地震の危機が迫り、さらに7年後に東京五輪が開催される。

そして、急激に需要が膨張するなか、建設産業の従事者はいまだに減り続けている。

変な話だが、89年以降の土建産業に対する「規制緩和」の効果は、確かに「覿面《てきめん》」だったのだ。価格競争は激化し、建設サービスの価格は下がり続け、最終的には労働者が続々と市場から退出するまでに処遇が悪化してしまった。

すなわち、土建産業の「競争力」は強化されたのである。まさに、規制緩和の目的を達成している。

無論、競争激化は「弱者の市場からの淘汰《とうた》」をもたらした。競争に敗れた者は、市場から退出させる。これもまた、規制緩和の目的の一つだ。

そして、土建産業が「スリム化」されてしまった段階で、需要膨張期が訪れた。東日本大震災以降、国内の土建需要が急激に膨れ上がるなか、産業側が完全に供給能力不足に陥ってしまっている。

今の土建産業は、間違いなく「インフレギャップ状態（需要が供給を上回っている状態）」にある。

信じがたいことに、前記を理由に財務省の中で「さらなる公共事業削減論」が持ち上がってきている。

13年10月21日に開かれた財政審議会の財政制度分科会において、財務省は「社会資本整備をめぐる現状と課題」と題した資料を配布した。

資料を読むと、

「建設に従事する労働者、技術者の不足傾向が全国的に見られることから、被災地および全国における円滑な予算執行を図るとの観点から適切な規模への見直しも必要なのではないか」

と、書かれている。つまり、土建産業の従事者が少ない以上、「適切な規模」へ公共事業を減らすべきではないか、との見解を財務省は表明したわけだ。恐るべき無責任、としか表現のしようがない。

財務省は土建産業を衰退させた主犯の一人

そもそも、現在の土建産業の惨状をもたらした主犯の一人が「財務省」であるにもかかわらず、彼らは何の責任もとらず、公共事業のさらなる削減を図ってくる。

14年4月の消費税増税も、公共事業削減論を後押しすることになるだろう。

「国民に増税という形で負担を求める以上、政府も身を切らなければならない」

などと、もっともらしいレトリックを使い、とにもかくにも「公共事業削減」を実現しようとしてくるわけだ。

政府が「身を切った」ところで、実際に迷惑《めいわく》をこうむるのは、必要な公共事業すら実施してもらえない「日本国民」だ。別に、財務省の懐が痛むわけでも何でもない。

しかも、**財務省の公共事業削減論の裏に「日本国民のため」という思想があるならともかく、実態は単なる「財政均衡論」である。**

財政は均衡させなければならない。よって、増税は「常に」せねばならず、公共事業は「常に」削らなければならない。日本の財務省もまた、欧米で猛威を振るう財政均衡論に完璧に「汚染」されてしまっているのだ。

珍しく「家計」にたとえるが、自宅が老朽化し、地震が来たらすぐに崩れ落ちかねない状況で、

「お金がもったいないから、修理はやめよう」

などと考える人がいるだろうか?

手元に余裕がなければ、とにかく借金でも何でもして家を修理しなければ、自分や家族に危険が及ぶのだ。

しかも、政府が通貨発行権という強権を持っている以上、財政的な問題は(少なくとも

デフレ期は）生じない。政府が建設国債を発行し、日銀が国債を買い取れば、政府は実質的な負債を増やさず、公共事業で「国を修理」することが可能だ。

もっとも、実際には日本の土建産業の弱体化というボトルネック（制約条件）により、事業が遅々として進まない可能性がある。問題は「オカネ」ではなく「供給能力」なのだ。

わが国は全国各地に土建産業が「健全な競争を伴い、存続」してもらわなければ、国民が生きのびられない自然災害大国である。

自然災害大国では、国民が「互いに助け合う」ことなしでは、生きていくことができない。

日本国が、今やすっかり「土建小国」化してしまった以上、事は国民のサバイバルにかかわる問題なのである。

他人事ではなく、自らの問題として「土建小国」について考えていただければ幸いである。

国土強靭化こそが正しい道

電柱の地中化は首都直下型地震の対策になる

2013年秋の臨時国会において、国土強靭化基本法（正式名称は「強くしなやかな国民生活の実現を図るための防災・減災等に資する国土強靭化基本法」という）が成立し、さらに南海トラフ地震対策特別措置法と首都直下地震対策特別措置法も無事に国会を通過した。

これら国土強靭化三法に則《のっと》り、安倍晋三内閣総理大臣は12月17日に国土強靭化推進本部の初会合を開き、国土強靭化政策大綱が決定された。大綱決定により、国土強靭化は正式に「政府の方針」となったことになる。

大綱には、国土強靭化の目標について以下のとおり書かれている。

〈いかなる災害等が発生しようとも、（1）人命の保護が最大限図られること、（2）国家及び社会の重要な機能が致命的な障害を受けず維持されること、（3）国民の財産及び公共施設に係る被害の最小化、（４）迅速な復旧復興を基本目標として、「強さ」と「しなやかさ」を持った安全・安心な国土・地域・経済社会の構築に向けた「国土の強靭化（ナショナル・レジリエンス）」を推進することとする〉

上記の目標に反発する日本国民は少ないと信じるわけだが、現実の国土強靭化の道のりは厳しいものにならざるを得ないだろう。なにしろ、日本国民の多くが「巨大地震という非常事態」について、真剣に「想像」していない。東日本大震災を経てさえ、「自分が犠牲者になる可能性」について考慮していない国民が多数派だろう。

筆者は以前から、「公共事業の一環として、電柱の地中化を」と訴えているが、これは別に「美観」の問題で主張しているわけではない（美観もよくなるだろうが）。現実に大震災が発生した場合、道路を横倒しになった電柱が塞《ふさ》ぎ、救援活動の妨げになるためだ。

首都直下型地震の場合、最悪で死者数４万８０００人、発生直後の避難住民は約７００

万人と想定されている。

地震そのものからは助かった首都圏の「700万人」の被災者を救援する。これ自体が、「人類に可能なのか……」と、疑問を持ってしまうほどのすさまじいオペレーションだが、首都圏への道、あるいは首都圏の道が、電柱で塞がれていた場合はどうなるだろうか。

簡単である。地震自体では死ななかった東京都民（筆者含む）が、1人、また1人と命を失っていくだけの話だ。

無論、救援部隊は重機で電柱を排除し、なんとか道を確保しようとするだろうが、被災地の人々が助かるか否かは「時間との戦い」なのだ。

また、わが国の土建サービスの供給能力が現在以上に落ち込んでいた場合、電柱を排除し、道を修復しようとしても「人材がいない」「機材がない」という話になりかねない。

前項で筆者が指摘したとおり、**わが国はすでに「土建大国」ではない。「土建小国」なのだ。**

まさに、この「土建小国化」こそが、国土強靭化を妨げる制約の一つだ。

前述のとおり、なにしろ、わが国の建設企業の数は、ピークの60万社（1999年）からすでに47万社（２０１２年）へと激減してしまっている。市場を去った労働者の総数は、じつに１６０万人を超える。

こうした問題の解決策は、政府が「長期の計画を立て、需要をコミットする」ことで、土建産業の投資拡大、人材育成を誘発することだ。そういう意味で、14年5月に予定されている国土強靭化基本計画の立案と確実な実施が肝となる。

二つ目の制約は、もちろん「財務省」の存在だ。

たとえどれほど立派な法律が成立し、国土強靭化計画が立案されたとしても、「予算」がつかなければ前に進むことはできない。

マスコミに騙されないことが肝心

不吉なことに、国土強靭化大綱の「基本的方針」には、

〈人口の減少等に起因する国民の需要の変化、社会資本の老朽化等を踏まえるとともに、財政資金の効率的な使用による施策の持続的な実施に配慮して、施策の重点化を図ること〉

と、嫌な一文が入っている。

無論、わが国がデフレから脱却し、名目GDPが堅調に拡大していく状況になったならば、筆者にしても「効率的な財政資金の使用」に反対するつもりはない。

とはいえ、少なくともデフレが継続し、日銀の量的緩和が拡大している現在、わが国に財政問題はない。

それにもかかわらず、財務省はとにかく「常に」予算を削ろうとしてくる。今後のわが国では、国土強靭化をめぐる政治家との軋轢《あつれき》（法律や大綱の「解釈」等）が激化していくことになると予想する。

そして、三つ目の制約が「マスコミ問題」だ。

「国土強靭化は公共事業のバラマキ！」になると、陳腐《ちんぷ》なレトリック、レッテル貼りをマスコミが連呼し、それを国民が受け入れてしまうと、土建産業側が需要継続を信用せず、投資に乗り出そうとしなくなる。

土建産業が投資を増やさなければ、供給能力不足という制約は解消せず、わが国は国土強靭化を達成することなく首都直下型地震、南海トラフ巨大地震という非常事態を迎えることになってしまう。

その種の事態を防ぎたいならば、国民一人ひとりが、

「日本国を強靭化し、自分たちが安全に暮らせるようにしてほしい」

との意見を表明する必要がある。すなわち、国土強靭化推進の世論の醸成だ。

おそらく、マスコミの多くは国土強靭化関連の情報を報道しないか、アリバイ的に簡易に報道するのみだろう。

あるいは、**ひたすら「国土強靭化は土建屋へのバラマキ」といったレッテル貼りを繰り返し、国民に強靭化への嫌悪感を持たせるように仕向けると予想される。**予算を使いたくない財務省も、マスコミをバックアップする。

彼らに対抗するためにも、日本国民が自国や国土の強靭化について「正しい情報」を持たなければならない。

「マスコミに騙《だま》されて」日本国民が国土強靭化を拒否し、来るべき非常事態を無防備なまま迎えるなど、もはや悲劇ではなく「喜劇」としか呼びようがないのだ。

期待される土建国家の復活

公共事業の削減は国家的自殺

2013年9月16日、台風18号が本州に上陸し、全国の複数の地域で「かつて観測したことがないレベル」の雨を降らせつつ、東北から北海道へと抜けていった。京都の桂川《かつらがわ》などが氾濫《はんらん》し、各地で水害、土砂災害が発生し、群馬、栃木、埼玉、三重の4県では突風が「竜巻」と化し、荒れ狂った。

わが国は国土が細長い弓形で、中央に脊梁《せきりょう》山脈が走っている。そのため、川の上流から河口までの距離が極めて短い。

さらに、台風の通り道に位置しており、雨季（梅雨）もある。豪雨が降ると、川の全域が豪雨域に入ってしまい、瞬く間に水位が上がる。

また、今さら書くまでもなく、わが国は世界屈指の震災大国でもある。日本国の国土面積は、世界のわずかに0・25％にすぎない。日本列島の面積は、世界の地表面積の1％

公共投資の推移（'96年を100とした割合）

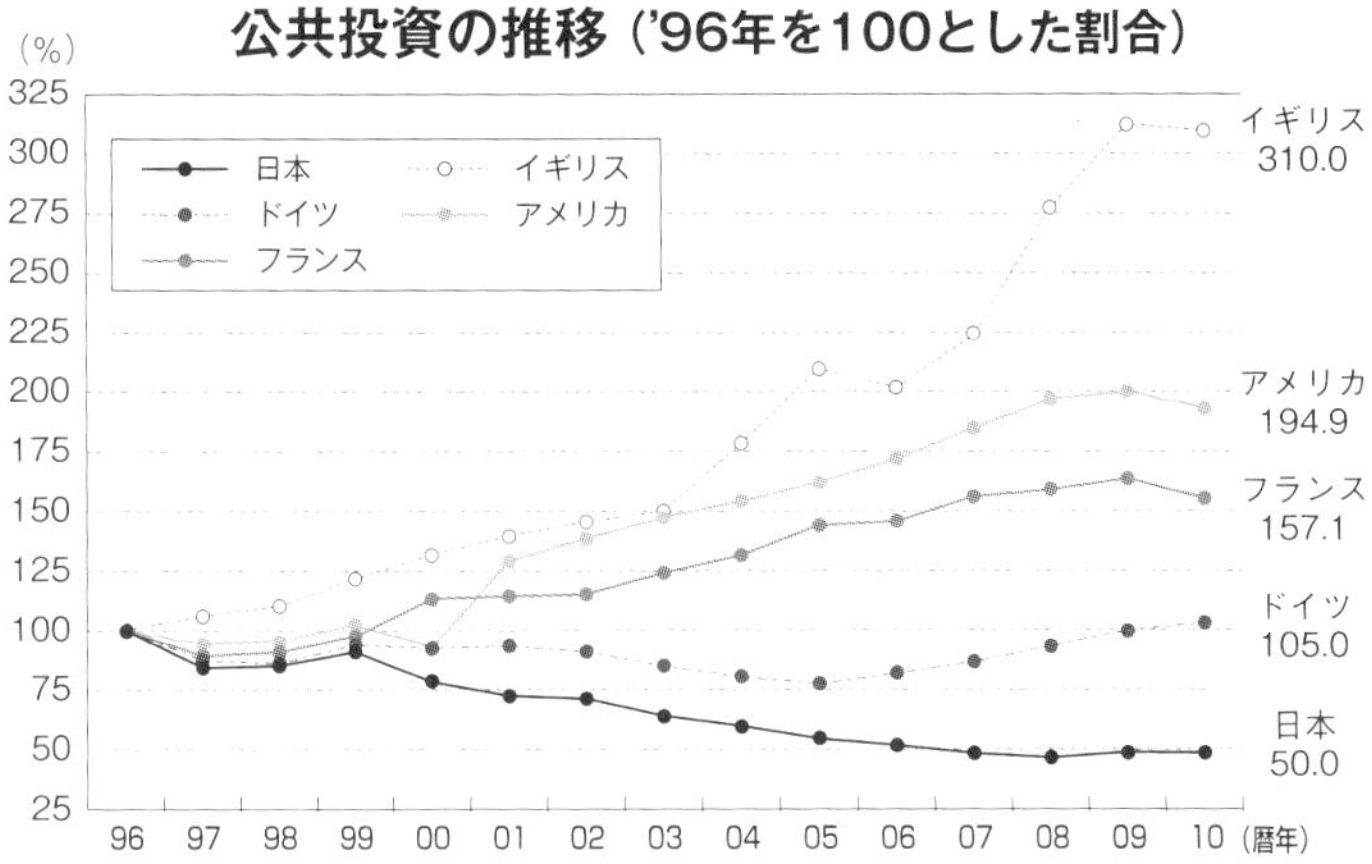

出典：国土交通省

にも達していないのだ。

それにもかかわらず、世界で発生するマグニチュード6以上の大地震の20％は、この地で発生する。

理由は、日本列島が「ユーラシアプレート」「北アメリカプレート」「太平洋プレート」そして「フィリピン海プレート」という、四つの大陸プレートが交差する真上に位置しているためだ。そのため、われわれの祖先は常に「震災」と向き合いながら、生きていくことを余儀なくされてきた。

震災や水害、土砂災害に限らない。わが国では豪雪地帯に存在する大都市が複数あり、ときには火山も噴火する。台風や震災に限らず、強風により交通機関がストップしてしまう事態にも頻繁に直面する。

日本とは、政府がそれなりの規模の公共投資により、防潮堤や堤防などの防災インフラを整備しなければ、国民の生命や安全に危険が及ぶ国なのだ。

それなのに、わが国は公共投資（一般政府の公的固定資本形成）の規模を、対1996年比で半分に減らしてしまった。また、公共投資がGDPに占める割合も、フランスと同程度に低下した。

フランスは固い岩盤上に国土が存在し、アルプスの一部の地域を除くと地震が発生しない。さらに、台風も来ないうえに、河川は広大な平野を「ゆったり」と流れていく。水害や土砂災害も発生しない。

そのフランスと、日本の公共投資対GDP比率が並んでしまった。

現在の日本の公共投資の水準は、もはや国家的自殺と言っても過言ではないのである。

しかも、公共事業や公共投資が、何らかの科学的裏づけに基づき削減されてきたのであればともかく、現実の「公共事業削減論」の根拠となったのは、単なるイデオロギーだ。

「公共事業は政治家の懐を肥やすだけだ」

「公共事業は土建屋を儲《もう》けさせるだけだ」

「またムダな箱モノや鹿しか通らない道路を造るのか」

この手のレッテル貼り、感情論や印象論に基づき、日本国内で「公共事業悪玉論」というイデオロギーが成長してしまった。

結果的に、日本国内では、

「国民の安全を守り、経済を成長させるために公共事業が必要だ」

と、当たり前の言説さえ政治家が口にできなくなり、揚げ句の果てに「コンクリートから人へ」なるファンタジーを叫ぶ政党が政権を握ってしまっていた。

公共投資は将来世代のために行なわれる

コンクリートから人へとは、極めておぞましい考え方だ。コンクリートとは、公共投資を意味する。

そして、公共投資とは、現在の国民のためはもちろん「将来世代の国民の生命や安全を守り、所得を増やす」ことをも目的として実施されるのだ。

われわれ、現在に生きる日本国民が、この日本という国で比較的安全に、豊かに暮らすことができるのは、過去の国民がインフラ整備に投資をしてくれたおかげなのである。すなわち、公共投資とは「将来のため」にこそ行なわれるのだ（公共投資に限らず、投資とはすべて「将来」のために実施される）。

それに対し、コンクリートから人への「人」は、ずばり社会保障である。

公共投資を減らし、社会保障を増やすことこそが「コンクリートから人へ」なのだ。公共投資が将来のために実施されるのに対し、社会保障は「現在の国民」を潤す。年金、生活保護、子ども手当など、すべてそうだ。すなわち、**コンクリートから人へとは「将来世代のことなどどうでもいい。今の自分にカネをよこせ」という思想なのである。**

日本国民は、7年後の東京五輪開催に向け「築土構木《ちくどこうぼく》（土木の語源）」や建設サービスに対する尊敬の念を取り戻さなければならない。

台風18号が各地で多大な被害をもたらしたとき、真っ先に現場に駆けつけ、被災者の救助のために尽力してくれたのは、地元の土建企業である。世界屈指の自然災害大国であるわが国では、土建企業の供給能力とは、まさに「国民の安全保障」と直結する問題なのである。

政府や自治体に「予算」があったとしても、地元を知る土建企業が存在しなければ、自然災害の猛威に抗するすべはなく、国民の生命や安全に危険が及ぶ。日本とは「そういう国」なのだ。

日本国民は、早急に自国の国土的条件に基づき、土建企業に対する尊敬の念を取り戻さなければならない。

いざというとき、自分たちの生命や安全を守ってくれるのが「誰なのか」を理解しさえすれば、さして難しくはないはずだ。

そして、今後の大手メディアで展開される公共事業批判論、土建産業批判論に対し、真っ向から反発する必要がある。

朝日新聞などが「土建国家復活か！」などと印象操作の報道をしてきた際に、「国民の生命と安全を守るために、土建国家復活だ！」と堂々と返せる「空気」にならなければ、東京五輪を成功裏に終わらせることは不可能だろう。

政府は公共事業に十分な予算を回せ

実質的に削減となった2014年の公共事業費

2013年の12月24日、安倍内閣が2014年度予算案を閣議決定した。アベノミクスを引き続き推進するということで、一般会計の総額は過去最大の約95兆8800億円に達した。

これを受け、例により朝日新聞などの大手マスコミが、「家計に負担増を求める一方で、予算を大事に使って国民に理解を求めようとする姿勢は見られなかった」（朝日新聞　13年12月25日付1面「予算大盤振る舞い」より）と、的外れな批判を展開しているが、ことは「家計簿」の話ではない。国民経済の問題なのだ。

現在の日本はデフレという問題を抱えている。デフレとは、バブル崩壊後に民間が借金返済を始め、国内の消費や投資が減り、物価が下落し、生産者の所得が縮小することで深刻化していく。

デフレの解決策は「誰か」がモノやサービスに対する消費、投資を増やし、国内の需要不足を解消することだ。それ以外にはない。

安倍政権は14年４月時点の消費税増税を決めてしまった（これ自体はデフレ促進策で問題）。少なくとも４月以降、消費税増税前の駆け込み消費の反動がくるのは間違いない。すなわち、国民が「お金を使わなくなる」わけだ。

そんな状況で、政府までもが「予算を大事に使う（節約する、という意味だと思うが）」などとやった日には、国内でお金を使う経済主体がますます減ってしまう。

結果的に、別の誰かの所得が縮小し、ますますおカネが使われなくなり、デフレが深刻化していくことになる。

というわけで、デフレ脱却を目指す安倍政権が政府の予算を拡大すること自体は正しい（デフレ対策として）。

問題は予算拡大の内容であるが、マスコミでは相も変わらず、「族議員の活動が活発化、『国土強靭化』を旗印に建設・道路族が予算確保に突き進んだ結果、公共事業費は約５兆９６００億円に達し、前年度から12・９％の大幅増となった

（13年12月24日付、時事通信）」

と、いつもどおりのレッテル貼りや印象操作に加え、大本から間違った報道がされていたので、本稿にて修正しておきたい。

現実には、14年度の公共事業費は実質的にはまったく増えていない。

それにもかかわらず、見かけの公共事業費は13％近くの増加になってしまっている。なぜだろうか。

じつは、13年度まで「社会資本整備事業特別会計」として特別会計に計上されていた予算（６１６７億円）が、特別会計改革により一般会計予算に移ってきたのだ。

すなわち、これまでは一般会計として予算化されていなかった社会資本整備予算の一部が、14年度から「公共事業費」として計上されるようになっただけなのである。

社会資本整備事業特別会計の上乗せ分を排除すると、14年度一般会計における公共事業予算は５兆３５１８億円。対前年比ではわずかに１・９％の増加である。

しかも、14年４月には消費税が５％から８％に増税された。

すると、14年３月まで１０５円で購入されていた財やサービスの名目的な価格が、税率アップにより１０８円になるわけだ。パーセンテージで書くと、政府の公共事業といったサービスを含め、否応なしに２・78％価格が上昇することになる。

公共事業予算が１・９％しか上がらないということは、これは実質的には「予算削減」と同じである。

公共事業費の拡大が今すぐ必要

公共事業関係費にしても、政府の支払いの時点で消費税が課せられている。消費税分は土木企業、建設企業などがプールしておき、事業年度が終わると「政府」に戻ってくることになる。

というわけで、公共事業を受注する企業側から見ると、「見かけの予算は確かに１・９％増えたが、消費税として政府に支払わなければならない金額がそれ以上に増えてしまった」という話になり、実質的には「マイナス予算」になってしまうのだ。

実質的には民主党政権期までと同様に、公共事業費が削減されているという話だ。

無論、公共事業関係費の中には、土木企業、建設企業に支払われるわけではない「用地費」などがあるため、土建企業への発注金額がプラス化するか、マイナス化するかは、かなり微妙なところではある。それにしても、**時事通信等のマスコミが書いている「前年度から12・9%の大幅増」というのは、明らかに「ウソ」だ。**

加えて、公共事業費1・9%増とは、消費税増税の影響を除いたとしても、大した増加率ではない。

なにしろ、政府が閣議決定した一般予算総額の増加率は3・5%だったのだ。それにもかかわらず、公共事業費は1・9%しか増えない。

相対的に見ると、公共事業費は他の予算と比べて「増えていない」というのが真実なのである。

97年の橋本政権以降、わが国では公共事業費には「マイナス・シーリング」が適用され続けてきた。マイナス・シーリングとは、「前年よりも必ず予算を減らす」という意味になる。

しかも、14年度に公共事業費が1・9%増えるとはいえ、比較対象は「コンクリートから人へ」という、日本の国土的条件にはまったく合わない思想に侵されていた民主党政権下の予算なのである。

民主党に政権交代する前、麻生政権期に組まれた09年予算では、公共事業費は当初予算で7・1兆円だった（さらに、リーマン・ショックのダメージを食い止めるために、1・7兆円の補正予算が組まれた）。

14年度の公共事業費が「名目的」に増額されたとはいえ、いまだに麻生政権時代の数字にも回復していないというのが真実だ。

現在の日本は、橋本政権以降の公共事業削減や「公共事業の一般競争入札化」という規制緩和の影響で、土建企業の供給能力が小さくなってしまっている。わが国の建設業許可業者数は、ピークの小渕政権期（60万社）に比べ、すでに13万社も減少している有り様なのだ。

土建企業の供給能力を回復するためには、長期的な公共事業の需要（予算）を政府がコミットする必要があるが、14年度の「公共事業費の名目増」で果たして十分なのだろうか。

現実の予算を見るかぎり、「とてもそうは思えない」というのが普通の見方ではないだろうか。

人手不足は日本人の手で解決せよ

人手不足のままでは日本経済は成長しない

２０１４年２月17日に13年第４四半期（10～12月期）の経済成長率（実質ＧＤＰ成長率）の速報値が公表されたが、非常にまずいことになっている。

エコノミストの事前予測の中央値は、前期比０・７％、年率換算２・８％であったにもかかわらず、現実は前期比０・３％、年率換算１％。エコノミストたちの最低予想値まで下回ってしまった。

すなわち、アベノミクスによる経済成長路線は失速しつつある。

そして、前期比わずか０・３％という経済成長率の速報値も、確報値で下方修正される可能性が極めて濃厚なのだ。

理由は、ＧＤＰの需要項目の一つである公的固定資本形成（公共投資から用地費などを除いたもの）の統計手法にある。

建設労働需給調査結果（8業種）

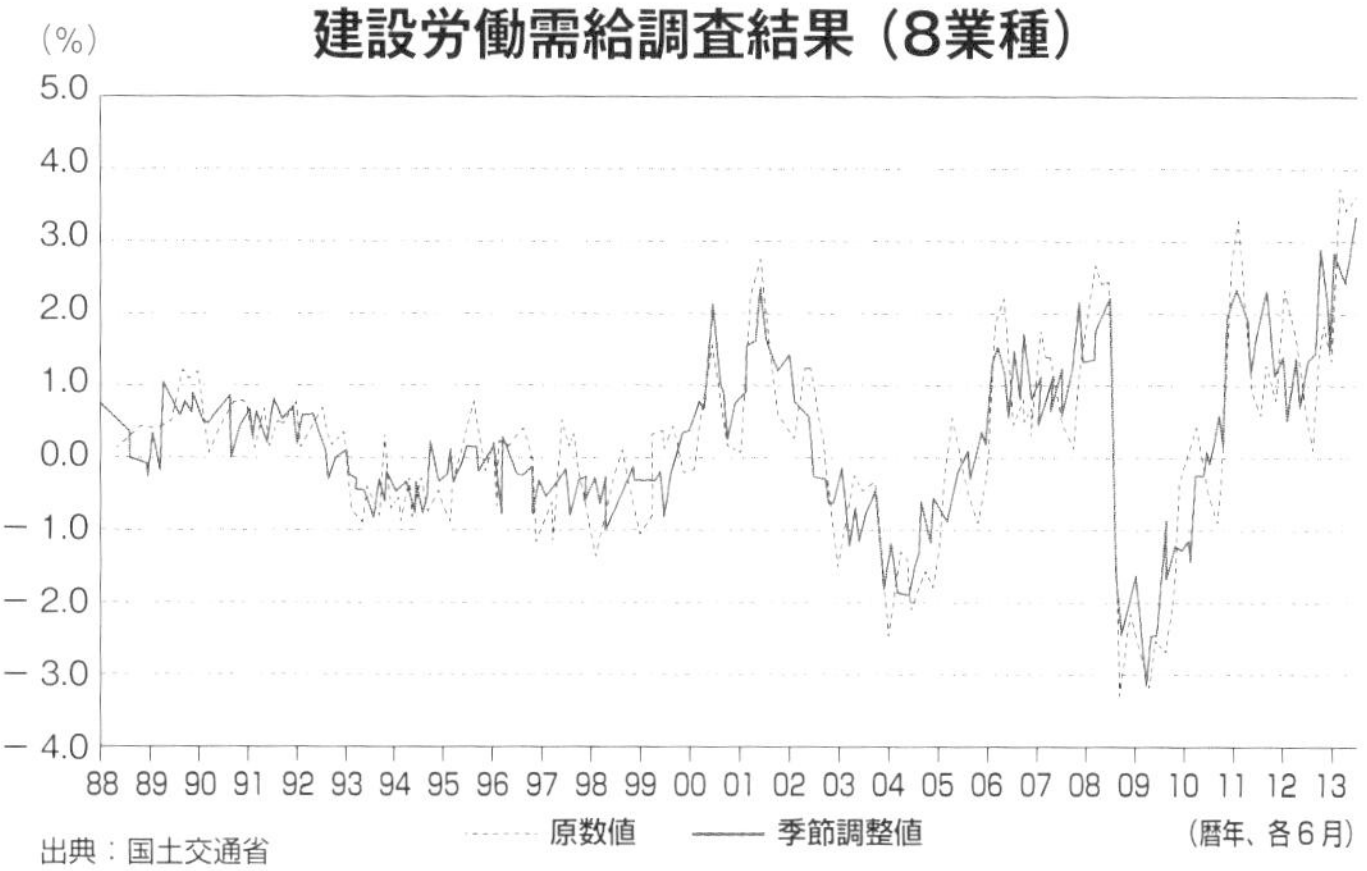

出典：国土交通省
※8業種：型わく工（土木）、型わく工（建築）、左官、とび職、鉄筋工（土木）、鉄筋工（建築）、電工、配管工
※上図はプラスが人手不足、マイナスが人手過剰を示す

13年における経済成長の柱の一つであった公的固定資本形成は、第4四半期は2・3%増と、第3四半期（7・2%）、第2四半期（6・9%）と比べ、明らかに失速してしまっている。結果、財務省は地方自治体に対し、「予算を繰り越しても使ってほしい」と、異例の予算繰り越しを呼びかけているわけである。すなわち、公共事業について、自治体に単年度主義の返上を促しているのだ。

公共事業予算が消化されない理由は、人手不足および公共調達に際した予定価格が低すぎるためである。人手不足で人件費が高騰し、それにもかかわらず予定価格が（十分には）上がらず、応札不調が増えてしまっているのだ。

さらに、財務省は補正予算の早期実施について、各官庁に「数値目標」を設定するという、これまた前例がない要請をしている。

財務省が「カネを使え！」と、自治体や諸官庁に呼びかけているわけだ。前代未聞の事態と言っても構わないだろう。

問題なのは、第4四半期の2・5％という公的固定資本形成の統計が、速報値段階では「受注ベース」という点である。

第4四半期の公共事業の進捗《しんちょく》が人手不足で遅れると、業者が受注、着工している公的固定資本形成が、確報値の段階でGDP統計にカウントされないことになってしまう。

公共事業が当初の目論見《もくろみ》どおり進んでいない場合（その可能性は極めて高い）、前期比で0・3％増だった13年第4四半期のGDP成長率は、ゼロに近づく。

現在のGDP統計の速報値は、人手不足がそれほどでもなかった06年の調査結果をベースに進捗率を計算している。「このくらいは進捗するだろう」という目安が、06年の調査結果に基づいているのだ。

13年後半以降、公共事業の需要が増えたこともあり、06年よりも労働者不足が進んでしまっている。確報値における経済成長率の下方修正は、ほぼ間違いないだろう。

ところで、安倍政権は原発再稼働に踏み切ろうとしている。理由の一つは、原発を動かさないため、ＬＮＧ（液化天然ガス）の輸入が激増し、貿易赤字が拡大しているためだ。

貿易赤字は、ＧＤＰ統計上は「控除項目」になる。すなわち、貿易赤字分、わが国のＧＤＰが減る。日本は原発を稼働させせないため、ＬＮＧの売り手たちに足元を見られ、国際市場において「もっとも高い価格」でガスの購入を強いられているのだ。

さらに、懸念されていた人手不足が深刻化し、公共投資、公共事業を「予定どおり消化できない」事態になっている。**貿易赤字と公共事業の遅れと、日本のＧＤＰは二つの重荷を背負わされているのだ。**

財務省は（珍しく）予算消化を叫んでいるが、現実に働き手が足りない以上、公共事業の消化はなかなか進まないだろう。

生活保護に流れた元技術者を現場へ

「公共事業の消化が進まない」

とは、日本国民にとって他人事ではない。

なにしろ、現在の人手不足問題が解決しないかぎり、東北の復興は進まず、防災や耐震化、老朽インフラのメンテナンスといった国土強靭化も軌道に乗らず、さらには東京五輪に向けたインフラ整備すら遅滞せざるを得ない。

アベノミクスが失速するなか、安倍政権はいかなる策を打つべきか。

人手不足解消のための「王道」は、まずは低賃金に嫌気がさし、生活保護に流れた元鉄筋工、左官の方々に、労働市場に戻ってもらうことだ。

そのためには、公共調達の予定価格を十分に引き上げ、高騰していく人件費に企業側が対応できる環境を整え、生活保護に流れた「技術者」たちが、「労働市場に戻り、働いたほうが豊かな生活が『継続的に』できる」と確信できる環境を整えなければならない。

ポイントはやはり「継続的」という部分で、政府が公共事業について長期計画を立て、残事業費を示し、土建企業のワークシェアリング（いわゆる談合）を認め、労働者側はもちろん、企業側にも、「将来も需要が継続する」という安心感を与える必要があるわけだ。

一応、安倍政権は上記の「王道」の政策も推進している。

筆者が各地を回り、土木、建設の経営者たちに聞いて回ったところ、誰もが「外国人労働者」に難色を示す。

理由は（これまた口をそろえて）、「危ないから」とのことである。土木や建設の現場では、各人の能力に加え、「コミュニケーション」が極めて重要になる。コミュニケーション能力に乏しい外国人労働者が現場に入った場合、不慮の事故が起きる確率は間違いなく高まる。

そもそも、**自然災害大国のわが国において、インフラ整備を「外国」に頼ることは、安全保障上の問題が生じる可能性があるわけだ。**

「日本国の人手不足は、日本国民の手によって回復されなければならない」

これらの原則を守ったうえで、政府には早急に人手不足解消の政策を推進してほしいと考えるのである。

非正規雇用をやめ、国民の所得を増やせ

雇用環境の悪化がデフレ脱却を妨げる

日本国内の人手不足の問題が顕在化し、「外国人労働者」の問題がクローズアップされている。なかでも土木・建設等の産業分野における人手不足を、外国人で埋めればいい、と主張する人が少なくない（代表が政府の産業競争力会議のお歴々である）。

現在のわが国の人手不足問題は、「働き手」の所得を引き上げる。そもそも人手不足とは、労働者に有利な環境なのだ。長引くデフレや「グローバリズム」により、名目賃金が下がり続けた日本国民にとって、じつは現在の人手不足は朗報である。

ところで、人手不足を「日本国民」の手で解決しようとした場合、当たり前の話として働き手の賃金水準は上昇せざるを得ない。

すなわち、「国際競争力が下がる」というわけである。

企業が「グローバル市場」で利益を上げようとした場合、なにしろ国民所得が日本より

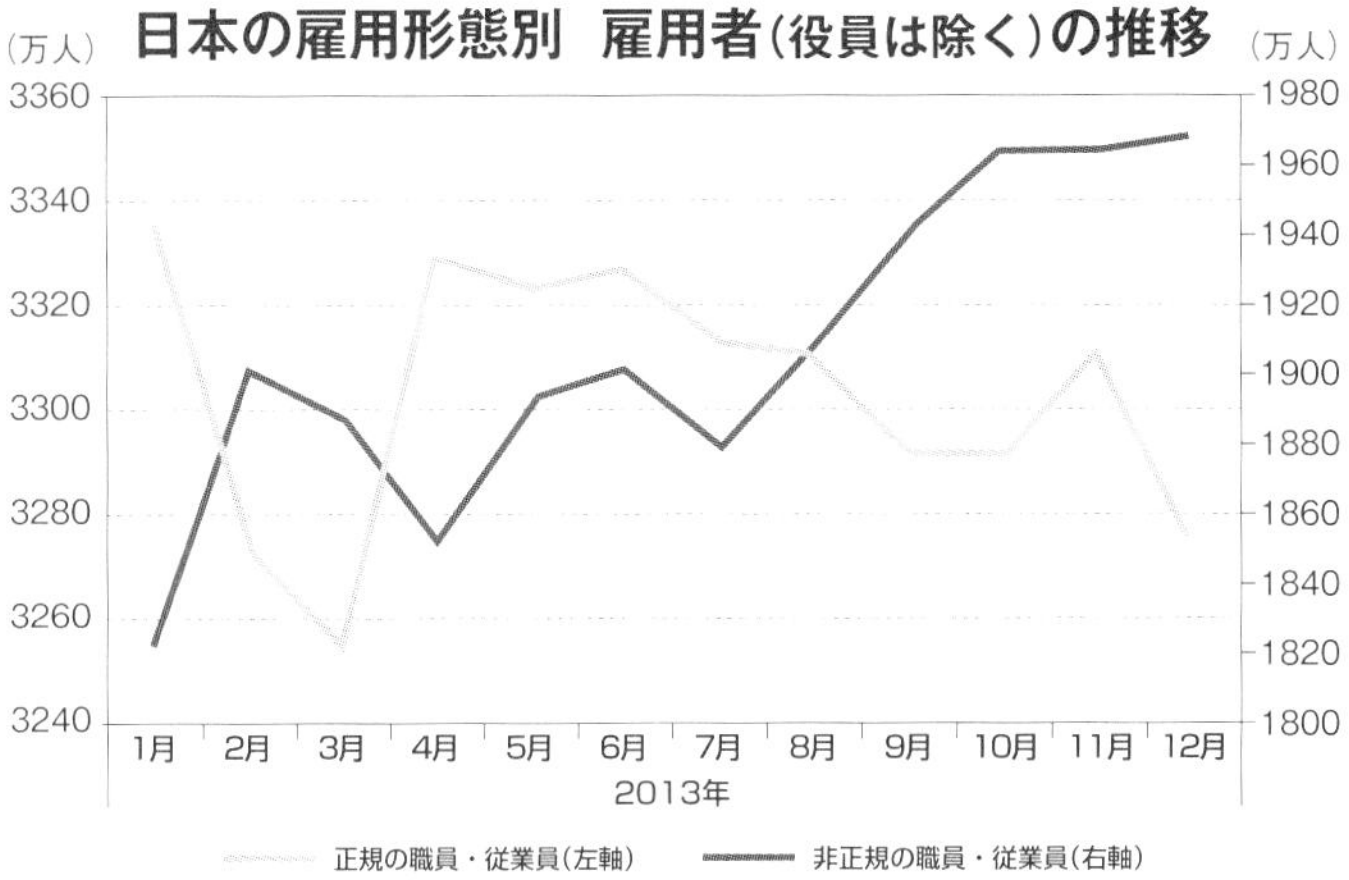

出典：統計局

も低い国々の企業と競合するため、国内の人件費は抑制せざるを得ない。

とはいえ、企業の目的は、国民の需要を満たすことだ。グローバル市場で「利益」をひたすら追求することは、企業の本来の目的から外れている。

特に、国民の給与水準を抑制し、海外市場で「国際競争力」を高めるに至っては、本末転倒も甚だしいとしか表現のしようがない。

現在の人手不足を所得水準が低い国々の「外国人」で埋めた場合、当たり前の話として日本国民の賃金も低いままにとどめ置かれてしまう。

結果的に、日本国民の購買力は高まらず、国民の消費主導で経済成長するという、わが国の経済にとって「本来、あるべき姿」を取り戻すことは不可能になるだろう。

アベノミクスの好況にわいた2013年、わが国は確かに全体の失業率が改善した。だが、雇用の「質」を見た場合、雇用環境はむしろ悪化したともいえる。

前ページの図のとおり、正規雇用がせいぜい横ばいで推移するなか、非正規雇用は増え続けた。13年の失業率の改善は、主に非正規雇用の増加によって実現したのである。

当然だが、非正規雇用の労働者は、正規雇用に比べて生活が不安定で、お金を使わない。お金が使われなければ、別の誰かの所得が創出されない。

ついでに書いておくと、非正規雇用の増加はわが国の少子化の一因にもなっている。正規社員になれず、雇用が不安定な若い世代は、所得不足が理由で結婚や出産に踏み切れない。

日本における非正規雇用、すなわち派遣労働解禁は、中曽根《なかそね》（康弘《やすひろ》）政権期に始まった。その後、橋本《はしもと》（龍太郎《りゅうたろう》）政権下で派遣労働が可能な分野が大幅に拡大し、そして小泉《こいずみ》（純一郎《じゅんいちろう》）政権下での「製造業への派遣労働解禁」がとどめとなった。

企業にとって、従業員に支払う給与とは「何」を意味するだろうか。

人件費について「利益を圧迫するコスト」としてとらえた場合、派遣労働の拡大は福音だ。それまでは「固定費」であった人件費を、売り上げに応じて変動する「変動費」と化すことができる。

売り上げが下がった際には、派遣社員を解雇することで「利益」を確保することが可能になるわけだ。

特に、グローバル市場で韓国などの企業と競合する大手輸出企業にとって、人件費の変動費化は経営を助けたことだろう。正規雇用を非正規雇用に切り替えることで、人数は維持したまま人件費を切り詰めることができたのだ。

しかし、繰り返しになるが、**企業の本来の目的はグローバル市場で利益を上げることではない。国民の雇用を維持し、所得拡大に貢献し、「国民経済」の成長の主役となることなのである。**

わが国で正規雇用から非正規雇用への切り替えが進んだ結果、当たり前の話として国民の購買力は低下した。

購買力が低下した国民は消費を控え、結果的にデフレの真因である「総需要（消費・投資）の不足」が、いつまでたっても解決されない状況が続いたのである。

非正規社員の増加で企業の競争力は弱くなった

筆者は、日本の非正規雇用の増加は、デフレを長引かせたのに加え、当の企業の競争力強化の阻害要因になったと確信している。

バブル崩壊までの日本企業の強さは、終身雇用の正規社員が会社へのロイヤリティー（忠誠心）を高め、組織の一員として自らの中に技術、スキル、ノウハウ等を蓄積し、「人材」へと成長したことに起因している。

企業の強さとは、結局のところ所属する「人材」の質により左右されるのだ。そして、短期契約の非正規雇用の従業員が、会社への帰属意識を強め、組織に必要不可欠な人材に成長していくとは思えない。

第二次安倍（晋三）政権は「デフレ脱却」「日本を取り戻す」と訴えた自民党が、総選挙に勝利することで誕生した内閣だ。

特に「日本を取り戻す」とは、かつての「強い経済を持つ日本」「国民が豊かになる日本」を取り戻すという意味であると理解している。

アベノミクスの「第一の矢（金融政策）」「第二の矢（財政政策）」のポリシーミックスは、

デフレ対策として間違いなく正しい。

それに対し、成長戦略と銘打った第三の矢、すなわち雇用の流動性強化に代表される「構造改革」は、現在の日本にはまったくふさわしくない政策だ。

というよりも、**構造改革は橋本政権以降の日本国民の貧困化、デフレ長期化の一因となった。**

安倍政権は、果たして「いかなる日本」を取り戻そうとしているのだろうか。労働規制などについて「岩盤規制を突破する」と繰り返している安倍政権は、本当に国民の所得を増やし、豊かになっていく日本を取り戻そうとしているのだろうか。とても、そうは思えない。

揚げ句の果てに、外国人労働者を増やすことで、せっかくの「人手不足」という好機を台無しにしようとしている。

安倍政権は、単純に失業率を引き下げるのではなく、国民の雇用と所得の「質」を高める方向に政策を転換しなければならない。さもなければ、日本国民の貧困化は止まらず、支持率は急落するだろう。

東京五輪までに「日本ダメ論」を叩き潰せ

ナショナリズムと公共投資を取り戻すことが重要

2013年9月7日、アルゼンチンのブエノスアイレスで開催されたIOC総会において、2020年のオリンピック、パラリンピックが東京で開催されることが決定された。IOCのロゲ会長が「TOKYO 2020」の紙を示すまで、徹夜でテレビを見続けた読者も多いと思う。

今回の五輪開催決定は、わが国の未来にとって極めて大きな意味を持つことになる。56年前の東京五輪が、現在にとって大きな意味を持つように。

現在のわが国が「国民の生命と安全を守るための国土強靭化」を実施しようとしたとき、一つ、深刻なボトルネックがある。

ボトルネックとは「制約条件」のことで、もともとの語源は瓶《びん》でいうと口が細くなっている部分になる。砂時計でいえば、真ん中だ。要するに、「それ」があるために動きが制

日本の建設業　許可業者数の推移

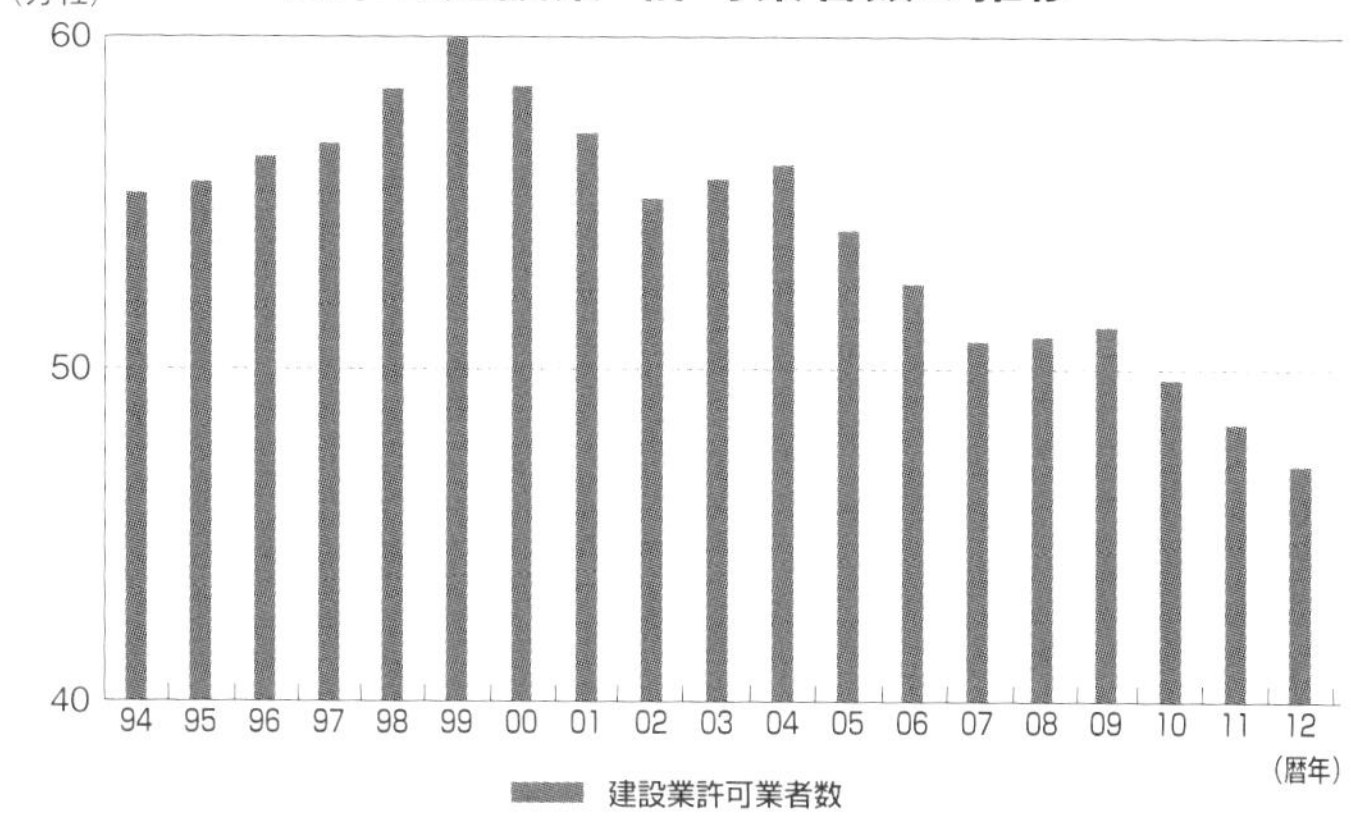

出典：国土交通省

限される、あるいは速度が鈍化するもののことをボトルネックと呼ぶのである。

国土強靭化に際したボトルネックとは、おカネではない。デフレで長期金利が世界最低のわが国は、政府が普通に国債を発行し、日本銀行が金融政策（国債買い取り等）を拡大することで、技術的には無理なく国土強靭化のための財源を確保することができる（財務省は死にもの狂いで抵抗するだろうが）。

とはいえ、日本政府が財務省の抵抗を押し切り、予算を確保したとしても、新たに「強力なボトルネック（変な表現だが）」が現れる。すなわち、建設サービスの供給能力不足である。

バブル崩壊後の公共事業の規制緩和（一般

競争入札導入）、１９９７年以降の公共投資削減により、99年度に60万１０００社にのぼった建設業許可業者数は、２０１２年度には47万社に減少してしまった。

当然、建設サービス従事者も１００万人以上少なくなり、完全に人手不足状態に陥っている。人手を確保するために、建設企業が賃金を引き上げれば、「工事量が増えても利益が確保できない」有り様で、現状は深刻だ。

いまだ日本の社会から「公共事業嫌悪論」や「土建悪玉論」が払拭されていない以上（共に根拠は皆無なのだが）、建設企業、土木企業は「仕事」が増えたとしても、供給能力を伸ばさないだろう。すなわち、人材を雇用せず、設備にも投資しようとしないのである。

こうなると、建設産業の供給能力不足は、国土強靭化はもちろんのこと、東京五輪開催のボトルネックになりかねないのだ。

というわけで、**７年後に五輪が開催されることを受け、日本国民は二つの重要なものを取り戻さなければならない。それは、「ナショナリズム（国民意識）」と「将来を信じた投資」の二つである。**

当たり前だが、公共投資とは現在はもちろんのこと、将来の国民のためにも実施されるべきものである。国民として、「将来の日本国民のために、やれることをやろう」というナショナリズムなしでは、公共投資の拡大などできるはずがない。

逆にいえば、97年以降、延々と公共投資を減らし続けてきたわが国の国民は、「将来の日本国民のことなんて、どうでもいいんだよ」と、考えていたに等しいのだ（実際には、公共投資関連の情報がコントロールされていたためというのが大きいのだろうが）。

7年後の東京五輪は日本復活の絶好の機会

また、将来の所得拡大、すなわち「将来豊かになる」ことを信じることができない人が、リスクを冒《おか》して投資に乗り出すことはない。将来に対し不安感を抱えている状況では、投資拡大など望むべくもないのである。

今回の五輪開催を受け、日本国民は極めて重要な「ナショナリズム」と「将来を信じた投資」の二つを取り戻すことになる。と言うより、取り戻さなければならない。

56年前の東京オリンピックの時期は、五輪開催の「数年前」に民間企業設備や公共投資（公的固定資本形成）の成長率のピークが来た。

東京でオリンピックが開催されることが決定したのは、1959年である。それ以降、わが国ではオリンピックに向けた各種の投資が拡大していった。

東京オリンピック開催に向け、東京ではさまざまな設備やインフラが整備されていく。競技場関連では、国立競技場（代々木）、日本武道館（九段下）、駒沢オリンピック公園など、現在も競技に使われている設備の多くが、オリンピックに向けて建設されたのだ。

また、交通機関などのインフラ関連では、まずは東海道新幹線、東京モノレール、羽田空港の拡張、首都高速道路、環状七号線などなど、現在、私たちが日常的に使用しているインフラは、主にこの時期に整備されたのである。

さて、バブル崩壊後、日本国民は東京オリンピックの頃には保持していたナショナリズムと投資意欲を失い、経済成長率が低迷した。すると、経済成長率が低迷したことを受け、ナショナリズムと投資意欲を破壊する「日本ダメ論」が広まっていった。

「わが国はダメだ」と国民が勝手に思い込んでしまった国で、経済成長率が高まるはずがない。

今後の7年間で、日本国民は国内に蔓延《まんえん》する「日本ダメ論」を一つ、また一つと潰していかなければならない。

同時に、われわれの生活、ビジネスの基盤を構築、維持、管理してくれる土建企業への尊敬の念を取り戻さなければならないのだ。

今回の東京五輪決定を受け、読者は間違いなく「7年後」を考えたはずだ。

この「将来のこと」を考える行為こそが、健全なナショナリズムと成長のための投資を醸成することになる。

国民が健全なナショナリズムの下で「将来」のことを考えて、初めて国土強靭化の実現も現実性を帯びてくる。

この機会を逃してはならない。

第3章

消費税増税の崖を克服せよ

修正が求められる安倍政権の経済政策

無条件の法人税減税は企業の純利益を増やすだけ

消費税増税を目前に控えた2014年3月に入ると、日本政府の「焦《あせ》り」が目立つようになった。

たとえば、甘利《あまり》明《あきら》経済再生担当大臣は、3月11日の閣議後の記者会見において、

「政府は賃上げの環境整備のため、法人税の減税を前倒しして原資を渡している。利益が上がっているにもかかわらず、なんの対応もしない企業は、経済の好循環に非協力的だということで、経済産業省からなんらかの対応があると思う」

と、語った。

「いつから日本は統制経済国家になったのだ」

と、皮肉な感想を覚えてしまう。「無条件」の法人税減税をした際に、企業が政府の要請に応じて賃上げをする「義務」などないことくらい、初めからわかっていそうなものだ

が。

政府が法人税を（無条件に）引き下げた場合、企業側は何もしなくても純利益が増える。増えた利益を賃上げに使うのか、国内に設備投資するのか、株主の配当金に回すのか、内部留保を積み上げるのか、あるいは「外国に投資」するのかは、企業の勝手である。

当たり前だが、企業が内部留保を増やし、海外に直接投資をしたところで、日本国民の雇用は増えず、所得も拡大しない。

だからこそ、筆者は「法人税減税は設備投資（もちろん国内限定）減税と賃上げ減税に限定するべき」と主張し続けていたのだ。

設備投資減税や賃上げ減税ならば、政府が法人税を引き下げた際に、国内に雇用が創出され、国民の所得が「必ず」増える。

一応、日本政府は設備投資減税や賃上げ減税も実施するのだが、併せて復興増税の前倒し解除が決定した。すなわち、無条件の法人税減税である。

わが国の13年第４四半期（10〜12月期）の経済成長率は、予想どおり速報値から下方修正された。実質ＧＤＰで見た経済成長率は、対前期比わずか０・２％。日本経済は失速した。

しかも、土木・建設産業等で人手不足が深刻化し、公共事業も順調とは言えない。この状況では4月からの消費税増税によって、国民の消費は確実に減るだろう。

そんな環境下において、民間企業が喜んで賃上げに応じてくれるだろうか。あり得ない。**無条件の法人税減税で純利益が増えた企業は、内部留保を積み増し、投資するとしても「海外」というのが関の山であろう。**

一部、4月のベアを決断した大手企業もあったが、それにしても基本給を1％程度引き上げるにすぎない。

消費税増税により、名目の物価は2％程度上昇する。ベアが行なわれた企業ですら、実質賃金はマイナスに陥る。

実質賃金が下がり続けると、国民は怨嗟《えんさ》の声を上げる。なにしろ、消費税により物価が上がっても、「政府に分配される所得」が増えるだけの話で、国民の所得が大きくなるわけではないのだ。

無論、日本政府は消費税増税による経済の落ち込みを受け、大慌てで補正予算を組もうとするだろう。5・5兆円の景気対策も、すでに決定している。

とはいえ、現在の日本は「デフレ」から「インフレ」へと移行する過渡期で、かつて経験したことがない歪《ゆが》みを抱えている。すなわち「人手不足であるにもかかわらず、実質賃金が低下している」のが現在の日本だ。

政府が緊急的に財政支出を拡大し、景気を下支えしようとしても、土建産業の供給能力不足がボトルネック（制約条件）になり、短期ではどうにもならない。結果、安倍政権の支持率は激減することになる（わが国の「正しい人手不足の解消方法」については、前章で解説したとおりだ）。

その時点で、政府が、「法人税を減税したにもかかわらず、企業が賃金を十分に引き上げなかったせいだ」などと言い訳をしたところで、誰も聞く耳を持つまい。

円安になっても輸出は増えていない

もう一つ、日本政府にとって衝撃的な事実がある。

それは、アベノミクスにより円安が進行した２０１３年すら、わが国の輸出がそれほど増えていないという現実だ。

日本の財の輸出額と日本円の対ドル為替レート

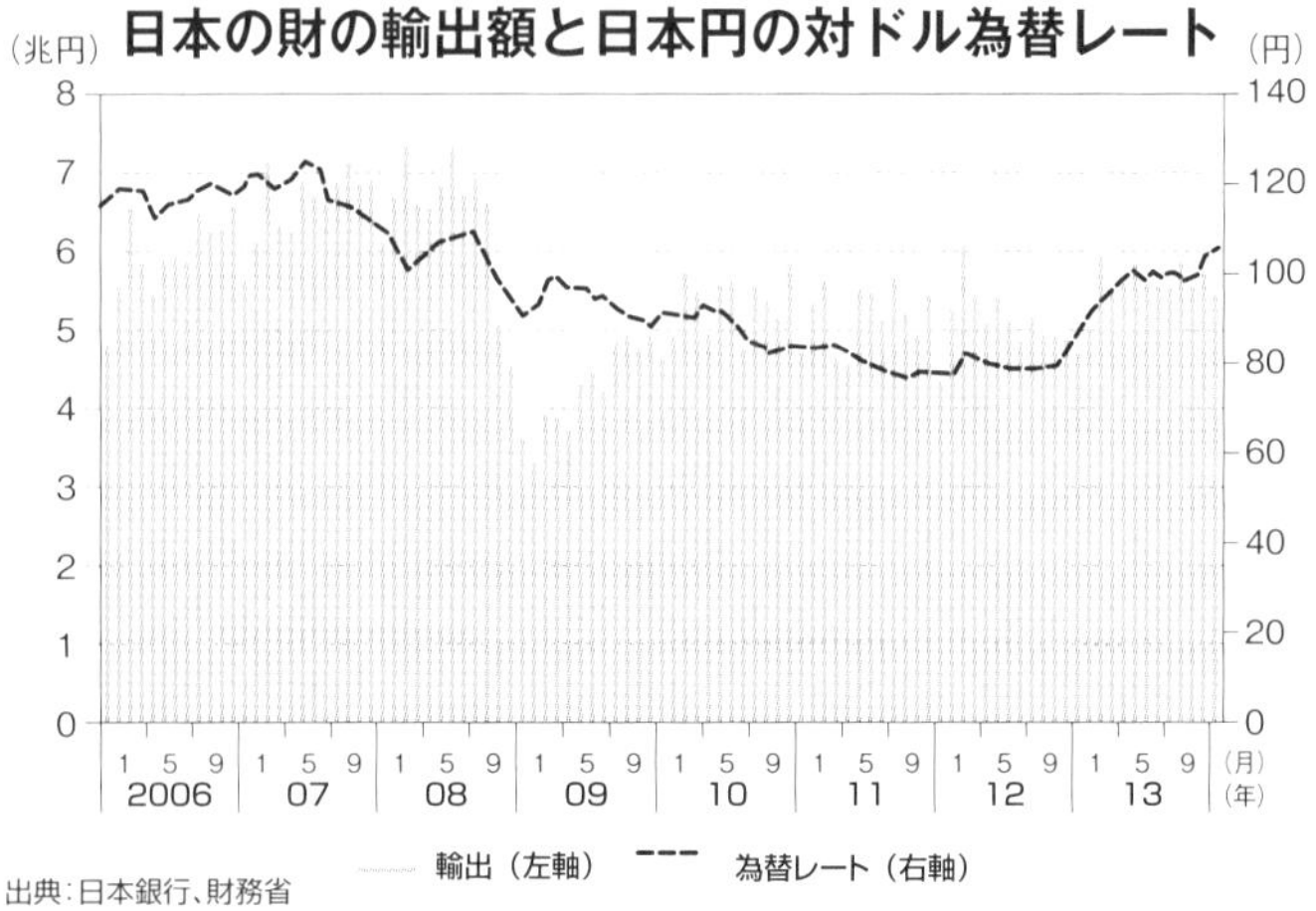

出典：日本銀行、財務省

上図のとおり、日本の財（製品）の輸出額は毎月せいぜい6兆円程度で、じつのところ民主党政権時代と比べて劇的に伸びているわけではないのだ。

日本銀行は3月10〜11日に開催した金融政策決定会合で、輸出について、前月の「持ち直し傾向にある」から「このところ横ばい圏内の動きとなっている」へと下方修正した。

じつは、わが国の製造業はリーマン・ショック以降の輸出激減を受け、工場を続々と海外に移し、国内産業の空洞化がさらに進んだのだ。結果的に、単純に「円安になれば、輸出が増える」状況ではなくなっているのである。

それどころか、円安は鉱物性燃料の輸入価

格を引き上げる。わが国は現在、すべての原発を停止しているため、ＬＮＧ（液化天然ガス）に代表される鉱物性燃料の輸入総量が激増している。

そこに円安が被《かぶ》さってきたため、「輸出が増えないなか、輸入金額だけがひたすら増える」有り様になり、貿易赤字が膨張しているのだ。

貿易赤字は「日本国民の所得が海外に流出した」と同じ意味である。

結局のところ、**金融政策を拡大し（これ自体は間違っていないが）為替レートを円安に導き、法人税を引き下げ、企業の投資を喚起するという、新古典派的な経済政策は現在の日本に適していないのだ。**

なにしろ、資本移動は自由化されており、企業は資金的余裕が生じたときに、国内投資ではなく海外投資に振り向けることができる。

今後の安倍政権は、「こんなはずではなかった」というケースに相次いで遭遇することになるだろう。

その時点で「経世済民」の基本精神に戻り、軌道修正をかけられるか否かにより、安倍政権が長期政権になるか、あるいはレームダック化するかが決まるだろう。

国民経済の崖を乗り越えられるか

デフレ促進策では名目GDPは成長しない

安倍晋三総理大臣が２０１４年４月に消費税を現行の５％から、８％へと引き上げることを発表したのは13年10月2日のことであった。結果、わが国の国民経済は14年４月に「崖《がけ》」に突き当たることになった。

安倍総理大臣は、増税発表の記者会見において、

「この（デフレの）中で増税を行なえば、消費は落ち込み、日本経済はデフレと景気低迷の深い谷へと逆戻りしてしまうのではないか。結局、財政規律も社会保障の安定も悪い方向へと行きはしまいか」

と語っていた。正しい懸念としか言いようがないが、ならば消費税増税を先送りすればよかったのである。

ところが、安倍内閣は「経済再生と財政健全化は両立し得る」と強弁し、増税を決定す

所得創出のプロセス

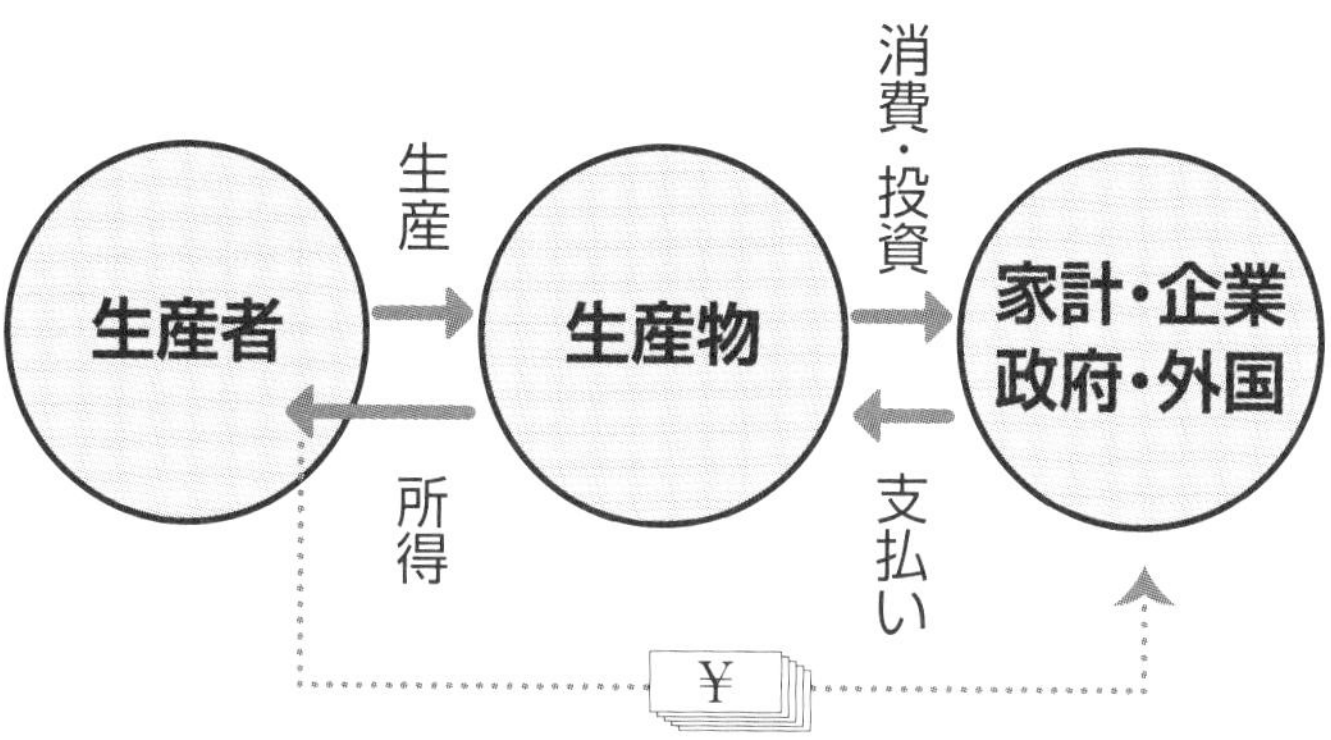

※「生産」にはモノの製造のみならず、サービスの供給も含まれる

ることで、立ち直りかけていた日本経済の頭を押さえつける選択をした。

念のため書いておくが、経済再生と財政健全化は両立し得る。

ただし、安倍政権の認識（あるいは財務省の認識）は完全に間違っている。財政健全化を実現したいならば、政府の増収によらねばならない。そして、政府の税収を増やすには、名目ＧＤＰを着実に成長させる必要がある。

すなわち、**わが国がデフレから脱却し、経済成長（特に名目ＧＤＰの成長）を達成しさえすれば、自然増収により財政健全化も達成できたはずなのだ。**

現に、２０１３年に入って以降、アベノミ

クスによる景気活性化で、法人税を中心に税収が昨年比で4兆円も増えていた。このまま「余計なこと」をせずに、第一の矢（金融政策）と第二の矢（財政政策）のパッケージという正しいデフレ対策を推進するだけで、安倍政権は、経済再生はもちろんのこと、財政健全化をも成し得ただろう。

逆に、消費税増税に限らず、現時点で「デフレ促進策」を講じてしまうと、物価の下落、所得の縮小のスパイラルが進み、名目GDPがマイナス成長になってしまう。

すると、政府の税収までもが減少し、財政はかえって悪化することになる。

国民は「生産者」として働き、モノやサービスを生産する。生産されたモノやサービスに対して、家計、企業、政府、外国が消費もしくは投資として、支払いを行なってくれて初めて「所得」が創出される。

そのため、国民経済において「生産」と「消費・投資」、そして「所得」の金額は必ずイコールになる。

先ほどから「名目GDP」という用語を使っているが、GDPとはもちろん「Gross Domestic Products（国内総生産）」の略だ。前ページの図の「生産」の総合計こそが、GDPという話である。

とはいえ、「生産」の金額は「消費・投資」「所得」と同額になるため、結局のところ名目ＧＤＰは、「国内で創出された所得（あるいは消費・投資）」の合計という意味も持つ。

内閣府はＧＤＰ統計を公表する際に、「生産面」「支出面（消費・投資）」そして「分配面（所得）」の三つの「面」から見た数値を発表する。三つのＧＤＰは必ず一致する。これを「ＧＤＰ三面等価の原則」と呼ぶ。

消費税増税に代表される「デフレ促進策」で、わが国の名目ＧＤＰが成長しないとは、「国民（厳密には「国内」）の金額面で見た所得が増えない」という意味になるのだ。

そして、われわれ国民は「所得」から「税金」を支払っている。企業の所得である「利益」から、法人税や消費税が支払われる。所得税や住民税は、家計の「給与所得」が源泉だ。

政府の税収の「原資」は国民の所得の合計、すなわち名目ＧＤＰなのである。

最悪なのは経済対策が実施されないケース

日本がデフレから脱却し、健全なインフレ率の下で名目ＧＤＰが拡大していけば、政府は何もせずとも増収になる。

結果的に、財政健全化は達成できたはずなのだが、安倍政権は自らその道を塞《ふさ》いでしまった。

今回の消費税増税が日本の「国民経済」に与える影響は、7兆〜8兆円と予想される。しかも、**消費税増税に対して「負の乗数効果」が働くため、直接的な金額以上にGDPは落ち込んでしまう。つまりは、名目GDPが減る。結果、政府の税収が減り、財政は悪化する。**

安倍政権は景気落ち込みをカバーするために、経済対策をパッケージで実施すると明言している。経済対策の規模は、補正予算（財政出動）が5兆円、投資・雇用減税1兆円で、計6兆円だ。まったく足りない。

97年の消費税アップのときには、日本経済はまさに「崖」に突き当たり、その後は長期のデフレーションが続いた。

信じがたいことに、97年第2四半期以降、15年もの長きにわたり、わが国は民間需要（民間最終消費支出＋民間住宅＋民間企業設備）が97年第1四半期を超えたことは一度もないのだ。

いまだ民間需要が拡大傾向にないままの「増税」実施は、わが国の国民経済が14年4月に再び「国民経済の崖」を迎えたことを意味する。

14年3月末までは、駆け込み需要で景気は維持されると目されたものの、4月以降に崖を迎えることが明らかな状況下、企業が設備投資や雇用拡大、人件費上昇に乗り出すには無理がある。

だが、現実に消費税増税は決まり、実施された。14年4月に日本経済が「国民経済の崖」を迎えたという現実からは、もはや逃れることができない。

5兆円の財政出動、1兆円の投資・雇用減税で、果たして増税によるマイナス分をカバーできるか。

かなり厳しいが、さらに悪いケースは、「経済対策」が実施されないケースである。

正直、現在の安倍政権を見ていると、不安だ。

とはいえ、他に方法があるわけでもない。

日本国民は「自分たちの所得」を減らさないためにも、政府に対し適切な経済対策を、できれば当初の予定以上の補正予算を組むように訴えていくしかないのだ。

新古典派とケインズ派の思想対決

デフレは貨幣現象か、総需要不足か

新古典派経済学に基づく新自由主義、グローバリズム、あるいは構造改革が目指すところは、要するに「小さな政府」である。

政府の機能は可能なかぎり小さくし、リソース（資金など）を可能なかぎり民間に使わせれば、経済が活性化し、国民経済が成長するという思想だ。

それに対し、**政府は国民の安全保障強化を中心に、ある程度は支出を継続しなければならない、という思想がある。**自民党で検討が進められている「国土の強靭化」も、こちらの思想に基づいている。

話をわかりやすくするために、前者を「新古典派」、後者を「ケインズ派」と呼ぶことにしよう。

特に、デフレーションという経済現象に対するアプローチが、両派はまったく異なる。

現在の日本政府及び自民党では、「新古典派」と「ケインズ派」が激しい路線争いをしている。

デフレという視点から両派の違いを一言で書くと、「デフレは貨幣現象」派と「デフレは総需要不足」派の争いと言っていいだろう。

本来、現在の日本にとってもっとも適した政策は、「消費税増税延期 + 第二の矢である財政出動拡大」であると確信していた。だからこそ、筆者は増税が決定される最後の瞬間まで「消費税増税延期」を訴えてきた。

ところが、現実には消費税増税が実施されてしまった。

こうなると、次のポイントは、

（1）消費税増税 + 財政出動拡大

か、もしくは、

（2）消費税増税 + 法人税減税

のいずれの路線を今後の安倍政権が選択するかになる。

もちろん「消費税増税＋財政出動拡大＋法人税減税」という可能性もあるが、取りあえず現状を整理するために、（1）と（2）に分ける。なぜならば、（1）と（2）は「思

日本の非金融法人企業(一般企業)の現預金額の推移

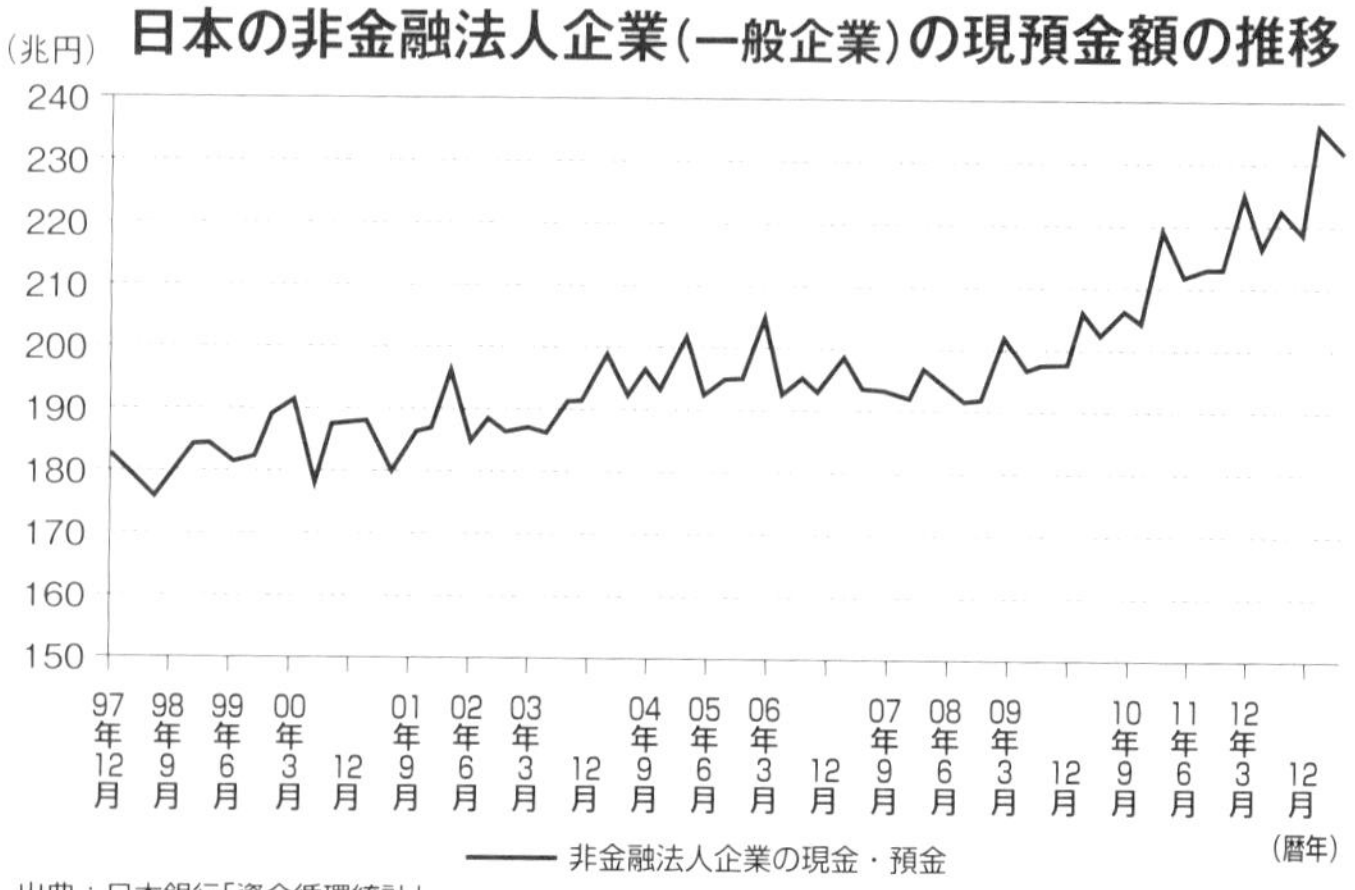

出典：日本銀行「資金循環統計」

想」がまったく違うためだ。すなわち、「ケインズ派」対「新古典派」という話である。（1）を主張している政治家は、まさに「デフレは総需要不足」派ということになる。とにかく、「今は」政府が財政出動でも何でもして、「需要」をつくり、デフレギャップを埋めるしかない、という考え方だ。

それに対し、（2）を主張する政治家は「デフレは貨幣現象（貨幣の定義がよくわからないのだが）」であるため、デフレ対策は金融政策拡大で事足りる。

それよりも、法人税を減税して、企業の競争力を高めるべき、という考え方になる。

もっとも、現在の日本が法人税を減税しても、法人企業の7割超には恩恵がなく、しか

も（こちらのほうが重要だが）、

「法人税を減税し、企業の純利益を増やしても、国内の設備投資や雇用拡大、賃上げには
つながらないのでは？」

という疑問（というか疑念）を禁じ得ないのだ。

なにしろ、現実の日本国内の「余裕がある企業」は、内部留保の現預金をひたすら積み上げていっている。前ページの図のとおり、97年以降、日本の一般企業は現預金額をおよそ50兆円も増やしている。

デフレが継続している以上、法人税を引き下げ、企業の純利益を増やしたところで、国内の投資や賃上げには結びつかない可能性があるわけだ。

新古典派は法人税ゼロ、所得税ゼロを目指す

ところで、なぜ新古典派の政治家は「消費税増税＋法人税減税」を主張するのか。

そもそも、新古典派経済学の理想的な税制は「法人税ゼロ、所得税ゼロ、税金は『人頭税』のみ」という組み合わせなのである。

人頭税とは「国民一人あたりの行政コストを均等に負担させる税」であり、行政の負担を国民に意識させ、小さな政府を実現することを可能とする税制だ。小さな政府を目指す新古典派にとっては、人頭税とはまことに「美しい税制」になるわけだ。

とはいえ、**人頭税の導入は政治的に不可能に近いため、現実には「法人税ゼロ、所得税ゼロ、税金は消費税のみ」が落としどころとなる。**

さすがに、国防や治安維持、消防などに最低限の税金は必要であるため、税金は取らなければならない。

同時に、法人税や所得税をゼロにし、各人、各企業が自らの所得を「自由に」使うことができれば、経済は活性化し、国民経済が成長する。

税金は消費税で国民から万遍《まんべん》なく徴収すべし、というアプローチなのである。

社会保障はどうなるかと言えば、「小さな政府」を目指す人たちにとって「社会保障など不要」というのが基本コンセプトだ。

だが、現実には社会保障なしでは餓死《がし》する人が出かねないため「ベーシックインカム（負の所得税）」で対応すればいい、という話になる。

さらに、労働規制を緩和し、最低賃金制度を引き下げるか、撤廃。とにかく政府の規制は小さければ小さいほどいい。

自治体同士の競争を引き起こすためには、道州制だ。国境を超えた規制も、緩和もしくは撤廃。自由貿易だ、ＴＰＰだ、グローバルだ、という話なのである。

いろいろと「つながっている」とは思われないだろうか。

というわけで、安倍政権の経済政策面の次なるマイルストーン（物事の進捗を管理するために途中で設ける節目）は、補正予算と法人税についての決断になる。

すなわち、安倍政権が補正予算として財政出動を（不十分とはいえ）拡大するのか、あるいは「無条件の法人税減税」に踏み切るか、この選択が極めて重要なのだ。

結果、安倍政権は消費税増税を決定すると同時に、補正予算の規模と法人税減税の「検討」を発表し、６兆円規模の補正予算の詳細と、９０００億円規模の法人税減税を実施することを決定した。

「両方やる」というわけだ。

失業率改善で見えてきた真実

地方の衰退は日本国として正しいのか

データとしてはやや古いものの、総務省が発表（2013年7月30日）した、13年6月の全国完全失業率に注目していただきたい。

6月の日本の失業率は、5月に比べて0・2％低下し、3・9％となった。失業率が4％を切るのは、リーマン・ショック直後の2008年10月以来のことだ。

とはいえ、13年6月の労働力調査を読むと、

「雇用が増えているのは金融や情報通信など『都市型産業』であり、建設、運輸などの『地方型産業』は雇用が減っている」

という現実が理解できる。

アベノミクスによる株価上昇で、確かに証券会社などのコールセンター業務は雇用が拡大している。製造業では、電機や自動車産業など、円安の恩恵を受けやすい業界で求人が

大幅に増えている。これ自体が悪いことだと言いたいわけではまったくない。

とはいえ、地方経済がいまだ疲弊しているなか、消費税増税を強引に決定し、さらなる地方の衰退を招くことが、「日本国」として正しいのだろうか。

あまり感傷的なことは書きたくないが、地方に講演にいくと、ほぼ１００％駅前がシャッター街となっている現実を見ることになり、悲しくなる。

「地方の人は、地元に雇用がないなら、都会に出てくればいいんだよ」

などと、国家観がない構造改革主義者たちは主張するだろうが、このまま地方の衰退を放置し、「いざ」首都直下型地震が起きたとき、誰が東京都民を助けてくれるのだろうか。地方側は、もちろん都民のために頑張ってくれるだろうが、経済力がないとすぐに限界に突き当たる。

はっきり書くが、国家の目的が「所得を稼ぐ」ことだけであれば、「日本国の全国民を大都市、特に東京に集める。地方経済は放置する」ことが正しい。なにしろ、東京は世界屈指の（おそらく最強）の生産性を持つ都市だ。東京圏を超える人口が集中している都市圏は、世界に存在しない。

とはいえ、人口を東京に集めたとして、首都直下型地震が起きたら、どうなるのか。それまでの繁栄は、まさに「一瞬」で崩壊することになる。

将来的に首都直下型地震が発生することは避けられない以上、日本国民は東京のみならず、地方を含む「日本の国土を全体的に成長させる」ことなしでは、国家として生き延びられない可能性があるのだ。

たとえば、**日本海側に「第二国土軸」を構築し、太平洋ベルト地帯が首都直下型地震や南海トラフ巨大地震に見舞われるときに備えなければならない。**

札幌から山口にかけた日本海側が太平洋ベルト地帯並みに発展していれば、大震災発生時に脊梁《せきりょう》山脈（ある地域を分断して長く連なり、主要な分水嶺となる山脈）を越え、救援を続々と南に送り込むことが可能になる。

雇用環境の改善はいまだになされていない

国家とは、そもそも国民が互いに「助け合う」ことを目的として進化してきた。

２０１１年３月11日の東日本大震災のとき、真っ先に被災地に入ったのは地元の土建企業だった。彼らは資材があり、機材があり、人材があり、そして「地元」を知り抜いている。

また、当然の話として東北地方の外からも続々と土建企業が現地に入り、特に高速道路を世界が唖然《あぜん》とするほどの速度で復旧させた。

さらに、高速道路が復旧したことを受け、日本中から物資を満載したトラックが被災地に向かった。被災地ではあらゆる物資が不足していたわけだが、被災者が飢えずに済んだのは、不眠不休で車を走らせた日本全国の運輸業者のおかげだ。

当時の土建業者や運輸業者の活躍は、国内マスコミで報じられることはなかった。日本国民のほとんどは、彼らの活躍を知らないだろう。彼らは決しておカネのためではなく、マスコミから賞賛を浴びたいためでもなく、単に「同じ国民」を助けるために死力を尽くしたのだ。

彼らを突き動かした「魂」こそが、ナショナリズム（国民意識）の本質なのである。

平時にはそうでもないのだが、東日本大震災のような「非常時」には、土建業者や運輸業者は「国民の安全保障」の一端を担うことになる。

日本国に土建業者や運輸業者が存在していなかった場合、わが国の国民は、東日本大震災クラスの国難を乗り切るすべがない。

どれだけ「おカネ」があったとしても、土建業や運輸業が国内に維持されていなければ、日本国民は「非常事態」に対処のしようがないのだ。

前述のとおり、わが国の安全保障を担う産業でもある建設業や運輸業では、いまだに雇用が減り続けている。すなわち、日本の安全保障の一部は、現在も「弱体化」しているのだ。

失業率という指標一つとっても、

「実際に雇用が改善している業界は何なのか？」

「地方における失業率は改善しているのか？」

「わが国の安全保障を担う産業の雇用は改善しているのか？」

などに注意を払わなければならないのである。

さらに言えば、

「雇用が改善しているのは、正規社員なのか、派遣労働者なのか？」

も重要だ。

たとえば、自動車産業でいえば、期間工にあたる〝臨時の求人〟が、前年同月比で３・４倍に急増している。

少なくとも、日本の誇る自動車産業が、まだ「正規社員を増やそう」というマインドになっていないのは確かである。

こう考えると、わが国の失業率改善が、また違った形で見えてくるだろう。

少なくとも、現在の日本の雇用環境は「失業率が下がった。はい、消費税増税」とやって構わないほどには改善していないのは確かである。

懸念されるデフレの深刻化

消費税導入をきっかけにデフレは深刻化した

財務省と内閣府が、デフレ深刻化の主因は１９９７年に消費税率を３％から５％に引き上げたこと、すなわち「増税」ではなかったと分析した資料を、13年８月22日の公明党の会議で配ったことが報じられた。

消費税増税ではなく、何がデフレ深刻化の主因なのかといえば、例により「アジア通貨危機」と「国内の金融危機」だという。

とんでもない話だ。なにしろ、97年のわが国の需要の縮小は、同年４月から始まっている。それに対し、タイのバーツ危機が発生したのは97年７月、山一證券が破綻《はたん》したのが97年11月だ。

具体的に、「いつ」からわが国の民間需要の縮小が始まったかを見てみよう。

民間の需要といえば、具体的には民間最終消費支出（いわゆる個人消費）、民間住宅投資、

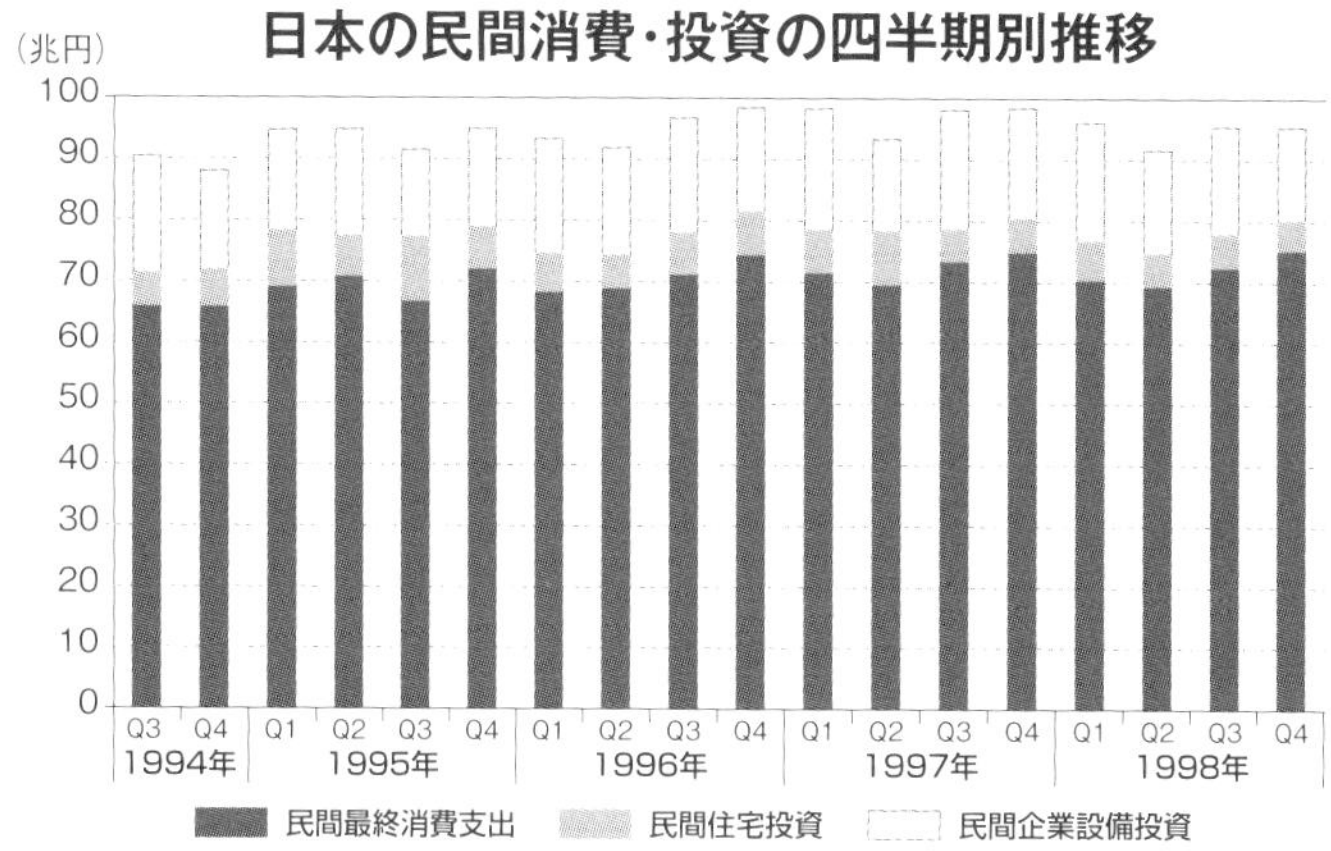

出典：内閣府「国民経済計算」　（例　Q1は第1四半期のこと）

民間企業設備投資の三つになる。

上図のとおり、わが国の民間需要がピークを打ったのは、97年の第1四半期（1〜3月期）だ。

翌第2四半期の最初の月、すなわち97年の4月に消費税が増税された。結果的に、せっかく民間需要が立ち直りかけていた状況に、見事に水を差された形になった。

その後、四半期ベースで見たわが国の民間需要が97年第1四半期を上回ったことは、一度もない。

信じられないだろうが、97年第2四半期以降、15年もの長きにわたり、わが国は民間需要が97年第1四半期を超えたことがないのだ。

しかも、前記は「名目」で見た金額である。

実質的な生産（実質ＧＤＰ）が増え続けても、物価が下落してしまうと、名目の需要金額は下がる。

97年4月以降、わが国は物価の下落が需要を縮小させ、需要の収縮が国民の所得水準を引き下げ、さらなる物価下落を呼び込む悪循環に入ったことがわかる。すなわち、デフレーションである。

需要の反対側、つまり「生産」のほうを見てみると、97年の上半期、消費税増税直後から企業在庫が急増し、さらに生産・出荷指数が下落していった。

企業の生産側も、縮小のきっかけは消費税増税であり、アジア通貨危機でも金融危機でもないのだ。

そもそも、**増税とはすべてがそうなのだが、需要縮小策である。**税金とは、所得（企業の利益、家計の所得など）から支払われる。増税され、可処分所得を減らされた国民は、必ず支出（消費、投資）を減らす。

「増税され、可処分所得が減った。それでは、支出を増やそう」などと考える国民は、一人もいないだろう。増税により国民の支出が減れば、当然の話として需要も減る。なにしろ、需要とは「財（製品）やサービスに対し、支出された金額」という定義になるのである。

無論、97年後半のアジア通貨危機や金融危機勃発も、わが国の需要縮小に拍車をかけただろう。とはいえ、しつこいが始まりは「消費税増税」なのだ。

デフレ期の消費税増税はやってはいけない

政府が14年４月の増税を実施し、国民の支出（＝民間の需要）が「へたった」ところに新興経済諸国の危機や、中国のシャドーバンキング（非伝統的な金融業務）の危機が勃発し、わが国がさらなる需要縮小に突っ込んでしまったとき、財務省はまたもや、「外国の要因でデフレが深刻化したのだ。消費税増税のせいではない」と、言い訳をするのだろうが、それは単なる責任逃れにすぎない。

アベノミクスが順調に進み、消費税増税が先送りされたならば、わが国は外国の状況がどうであろうとも、普通に国民経済を成長路線に戻せたはずなのだ。

実際、アジア通貨危機だの何だのと言っているが、96年から98年にかけた日本の財の輸出は、43・5兆円（1996年）、49・5兆円（1997年）、48・9兆円（1998年）という推移になっている。

97年から翌年にかけ、たかだか6000億円輸出が減ったくらいで、わが国は「失われた15年」に突入したのだろうか。そんなはずがない。

しかも、現在の日本は97年よりも状況が悪化している。デフレ深刻化で法人企業のうち7割超が赤字状態なのだ。すなわち、法人税を支払っていない。

さらに、デフレにより価格競争は激化し、国内企業はこぞって「値下げ」「低価格」をウリにビジネスを展開している有り様だ。

この状況で消費税を5％から8％に上げたら、企業側が普通に商品価格を上げられるとでも思っているのだろうか。業界全体で一斉に値上げをしてくれればともかく、現実には必ず「裏切り者」が出る。

そんなことは企業側もわかっているため、結局は増税分を企業（バリューチェーン〈価値連鎖〉のどこかの企業）がのむ形になり、赤字企業がこれまで以上に増え、法人税減少が消費増税分を打ち消してしまうだろう。

消費税が増えた以上に法人税、所得税が減り、政府の税収全体が結局は減少になってしまう。

そのとき、財務省はなんと言い訳するつもりだろうか。

おそらく、言い訳ひとつせず、税収減と赤字国債発行増大を理由に、

「財政が悪化した。さらなる増税が必要だ」

と、やってくるに決まっている。

財務省の口車に乗せられ、政府が再び増税を実施すると、国民の支出という需要が減り、所得も縮小し、税収はさらに小さくなってしまう。するると、財務省は再び……と、国民経済を困窮化させる悪循環が無限に続いていくことになる。まさに、増税無限地獄だ。

政府の目的が国民を豊かにする「経世済民」である以上、デフレという「民間需要」が縮小している時期のさらなる消費税増税は、絶対に実施してはならない愚策なのである。

ただちに国民の所得を拡大する政策を打て

このままでは所得は増えず、物価が上昇するだけ

デフレーションという経済現象について「物価の下落」と理解してしまうと、解決までの道筋を誤ってしまう。デフレは確かに物価「も」下落するが、それ以上に所得が縮小することが問題なのである。

「物価の下落率を上回るペースで所得が縮小する」のがデフレーションなのだ。

デフレの問題は、物価の下落が所得の縮小を引き起こしてしまうことに本質がある。物価の下落率以上の速さで所得が縮小していくとは、要するにデフレ期の日本国民が次第に「貧困化」していくという話だ。

正直、物価が下落する「だけ」であれば、別段、国民経済的には何の問題もない。所得が一定もしくは拡大している状況で、物価が下落するとは、国民が次第に豊かになってい

実質賃金(毎月決まって支給する給与)の対前年比(年平均)

出典：毎月勤労統計調査　全国調査

ることを意味する。とはいえ、残念ながらデフレ期には物価以上に所得が下がる。

２０１２年末に安倍政権が発足し、第一の矢と第二の矢という「正しいデフレ対策」が打たれた。

第一の矢、金融政策で「通貨」を発行し、政府が第二の矢、財政政策で「国民の所得が創出されるように」使う。まさしく、これこそがオーソドックスなデフレ対策だ。

日本政府が98年のデフレ深刻化以降、はじめて本格的なデフレ対策を打ち始めたことで、ようやくわが国の物価変動率が上向き始めた。

11月の消費者物価指数は、食料品・エネルギー価格を除いた「コアコアＣＰＩ」で対前年比0・6％と、まさにデフレが深刻化した98年以来の水準を回復した（皮肉なことに、この状況でまたもや消費税増税というわけだが）。

リーマン・ショック前、デフレから脱却「しかけた」2008年すら、コアコアで見たCPIの上昇率は対前年比0・3％に満たなかったのだ。アベノミクスの第一の矢と第二の矢というデフレ対策は、確かに効果を上げている。

だが、物価が下落する「だけ」ならば国民経済的に問題がないように、物価が上昇する「だけ」では何の意味もない。

所得が上昇しない状況で、物価のみが上昇するのでは、やはり国民が次第に貧困化しているという話になってしまう。

デフレの問題は、物価の下落率以上のペースで所得が縮小することだ。逆にインフレ期の政策の成功は、物価の上昇率以上の速さで所得を拡大できるか否かにかかっている。

特に、企業で働く雇用者（労働者）の給与所得が増えないか、もしくは減り続けている状況で、物価「のみ」が上昇してしまっては、経済政策として明らかに失敗だ。

というわけで、現在の安倍政権は、大手企業などに賃上げを要求しているわけだが、状況は予断を許さない。

なにしろ、アベノミクス効果で景気が上向いた2013年ですら、実質賃金は対前年比でマイナスに陥っているのだ。すなわち、所得の拡大が物価上昇に追いついていないのである。

こうした状況下、消費税が５％から８％に引き上げられることになった。**消費税が上がれば、物価は確かに上昇するだろうが、国民の所得とは無関係だ。**

消費税の増税分は「政府に分配される所得」であり、国民の賃金が上がるわけでも何でもないのである。

日本経済は14年４月以降、「所得が増えない状況で、間違いなく物価が上昇する」という、久しく経験したことがない局面を迎えるに至ったのだ。

解決策は政府による所得創出しかない

安倍政権は、もちろん前記の「実質賃金の問題」を理解している。理解しているからこそ、消費税増税に合わせて景気対策５・５兆円を打ち、国民から増税という形で徴収した所得の一部を返還しようとしているわけだ。

しかし、消費税３％増の影響、つまりは国民から政府に強制的に分配される所得の金額は７兆円から８兆円と考えられている。それに対し、景気対策としての「所得の返還」は５・５兆円だ。これでは足りない。

増税により国民の所得や実質賃金が減少すると、税収は減る。97年の橋本政権期の増税は、デフレを深刻化させ、国民の所得を減らし、揚げ句の果てに「所得を原資とした税収」までをも減少させてしまった。

「増税」した結果、政府は「減収」になり、

「いったい、何をやりたいんだ！」

ということで、橋本政権は直後の参議院選挙で敗北し、政権は崩壊した。

安倍政権が、橋本政権と同じ轍《てつ》を踏む可能性は決して低くない。

近いうちに国政選挙があるわけではないものの、「増税したがゆえに、政府が減収になった」となると、安倍政権の内閣支持率は急落するだろう。結果的に、安倍政権は退陣に追い込まれるか、もしくはレームダック化せざるを得ない。

要するに、わが国はすでに「物価のみ」を意識するべき局面をすぎようとしているのだ。**政策の重点を物価から「国民の所得」「実質賃金」の拡大に移さなければ、「所得が増**

えないにもかかわらず、物価のみが上がる」状況に陥り、国民は怨嗟《えんさ》の声を上げ、大手マスコミが大喜びで政権批判を展開することになる。

安倍政権の要請を受け、一部の大手企業は賃上げに踏み切った。とはいえ、日本の企業数の99％超を占める中小企業は、いまだ賃上げをできる状況にはない。

それどころか、円安による輸入物価（ガソリン価格等）の上昇を受け、アベノミクス開始前よりも利益を出しにくくなっている産業も少なくない。

また、アベノミクス効果で人手不足感が生まれている業界（土建産業など）では、人件費の高騰がかえって雇用や賃上げの壁となっている。

結局、解決策は政府による所得創出、すなわち財政政策の拡大しかない。政府が「民間の仕事をつくる」ことに積極的にならなければ、２０１４年を通じて「所得が増えないにもかかわらず、物価のみが上がる」環境が継続し、安倍政権は次第に追い込まれることになるだろう。

デフレの原因は総需要の不足に他ならない

デフレ対策をめぐる自民党内の二つの路線

２０１３年７月21日の参議院選挙において、自由民主党が65議席を獲得。さらに、公明党が11議席。「衆参のねじれ」がついに解消された。

一方の野党側を見ると、民主党がわずか17議席という大敗北を喫したことで、「自民党に代わり、日本の政権を担うことが可能な政党」が、事実上、わが国から消滅してしまった。

もちろん、将来的に自民党に代わる政党が登場する可能性を否定する気はないが、現時点ではいわゆる「二大政党制」の時代が、完全に遠のいてしまったのは間違いない（筆者は別に日本の政治が二大政党制であるべき、などと考えているわけではないが）。

今後の日本の政界は、与野党の対決ではなく、むしろ「自民党内の路線闘争」が激化していくことになるだろう。

皮肉なことに、自民党内には明確な「争点」が存在してしまっているのである。すなわち、デフレ対策をめぐる二つの路線だ。

Ａ派：デフレ脱却のためには、金融政策と財政政策のポリシーミックスが必要で、公務員削減、公共投資削減、さらに規制緩和はデフレ促進策である。

Ｂ派：デフレ脱却のためには、金融政策のみで事足りる。財政政策は不要もしくは「多少必要」な程度で、公務員や公共投資は削減し、規制緩和を推進するべきである。

筆者がどちらの「派」に属しているかは、今さら言うまでもない。ちなみに、筆者は経済学者でも何でもないが、アカデミズムの世界でＡ派的主張を展開しているのは、いわゆるケインズ経済学者たちである。

それに対し、Ｂ派的な主張をしているのが新古典派経済学を信奉する構造改革主義者たちになる。

両派の違いは、突き詰めると「デフレの発生原因」から生まれていることが理解できる。「なぜ、デフレになるのか?」のロジックが、決定的に違うのだ。

Ａ派は、デフレの原因を「需要の不足」であるとする。国民経済の供給能力である「潜在ＧＤＰ」に対し、「名目ＧＤＰ」という需要が不足し、デフレギャップが発生しているからこそ、デフレになっている。

すると、解決策は「需要を増加させる」となる。日銀に通貨を発行させ、政府が国債発行で借り入れ、雇用・所得を生み出すように支出する。アベノミクスで言えば「第一の矢（金融政策）」と「第二の矢（財政政策）」を同時に実施することで、国内に政府の消費や公共投資という「需要」が新たに生まれ、デフレギャップが埋まる。

物価とは、国民の労働で生み出したモノやサービスの価格である。**金融政策で「おカネ」の量を増やしたとしても、それがモノやサービスの購入に向かわなければ、物価は上昇しない。**すなわち、デフレ脱却は果たせない。

総需要の拡大がなければ、インフレ率は上昇しない

重要なのは「誰か」がモノやサービスを購入し、名目GDP（需要）上の消費や投資を増やすことだ。デフレ期には民間の企業や家計がおカネを使おうとしない以上、政府がやるしかない。特に、現在のわが国は東北復興、首都直下型地震・南海トラフ巨大地震等の「次なる大震災」に備える耐震化、老朽化するインフラのメンテナンスなど、政府がおカ

ネを使わなければならないプロジェクトが目白押しになっている。

民間が自己負担で堤防を造り、道路や橋梁《きょうりょう》の補修を実施してくれるならばともかく、現実は異なるため、政府がおカネを使うしかない。そして、政府が「国民の安全」のためにおカネを使えば、デフレギャップが埋まる。すなわち、デフレ脱却が果たせる。

何が問題なのだろうか？　というのが、A派の主張である。

それに対し、B派はデフレの原因を「マネーの量の不足」に求める。B派の代表株である構造改革主義者の竹中平蔵氏は、13年7月3日の品川における基調講演で、

「デフレの原因は人口減少でも需給ギャップでもなく、マネーの量が少ないということ」

と、語っている。デフレの原因は「デフレギャップ（＝需給ギャップ）」ではないと断言しているのだ。そして、デフレの原因を「マネーの量が少ないため」だと言う。竹中氏が言う「マネーの量」が何を意味しているのか、いま一つ定義がよくわからないのだが、

「マネーの量とはマネーストックのことである」

と言うならば、氏の発言には「現実を見ていない」という評価を下さざるを得ない。

現実の日本ではマネーストック（貨幣の量）が意外に堅調に増えていたにもかかわらず、コアコアCPIは下落を続けていたのだ。これは「モノ」や「サービス」の購入に使用されな

いおカネの動きにより、貨幣量が増えているということを示唆しているのではないのか。

実際、土地や金融商品（FXや先物商品など）がどれだけ購入されても、モノやサービスの購入がなされなければ、物価には何の影響も与えない。どれだけ「マネーの量（マネーストック）」が拡大しても、それが物価に影響するモノやサービスの購入に向かわなければ、インフレ率は上昇しない。

別に、筆者はデフレ対策としての金融緩和を否定しているわけではない。

単に、金融緩和でマネタリーベース（中央銀行が供給する通貨）やマネーストックを増やしても、それが消費や投資に向かい、「総需要が拡大する」ことがなければ、インフレ率は上昇しないと言いたいだけだ。

結局のところ、ポイントは「財政出動（政府による需要創出）」を認めるか否かに行き着く。

竹中氏は、公共投資等の財政出動の拡大には否定的だ。初めに「公共投資を否定する」という変わらざる結論があり、その結論に導くために「デフレの原因はデフレギャップではない。マネーの量の不足が原因だ」と主張しているだけではないのか。

そうではないというならば、せめて「マネーの量」の定義だけでも明らかにしてほしいものである。

「国の借金」は減っているという驚愕の真実

「国の借金」は財務省のプロパガンダ用語

２０１３年、消費税増税に関する情報は混乱を極めた。

マスコミは、以前は２０１４年４月の消費税増税が「決まったこと」のように報じていたが、参議院選挙が終わった途端に「消費税に関する判断」という言葉が、テレビや新聞にやたら登場するようになった。

もともと、14年4月に消費税を８％に上げるか否かは「２０１３年の秋に判断する」という法律になっていた以上、当たり前なのだが。

増税派は消費税増税の理由を次々に「製造」してくるわけだが（結果、理由がコロコロ変わる）、もっともメジャーなものは「国の借金」問題だ。

筆者は、これまで「国の借金」という財務省のプロパガンダ用語（正しくは「政府の負債」）の真相を暴いてきたが、さらに一つ「驚愕《きょうがく》の真実」をお知らせしよう。じつは、現在の日本は、実質的な「国の借金」が減り続けているのである。

まずは、基本的な事実を復習したいのだが、「日本銀行は日本政府の子会社」である。これは、別に概念的な話をしているのではなく、日本銀行は本当に東証に上場している株式会社なのだ（株価は5万5000円ほど）。

とはいえ、当たり前だが日本銀行の株式の55％は日本政府が持っている。すなわち、日本政府は日本銀行の親会社に該当する。

そして、親会社と子会社との間のおカネの貸し借りは、連結決済で相殺《そうさい》されてしまうのだ。「自分が自分にカネを貸した」という話になってしまうのである。

日本政府が国債を日本銀行に買い取らせると（これが量的緩和）、政府側は借金の返済負担も利払い負担もなくなる。

別に、返済、利払いをしなくても構わないが、しなくてもいい。

一応、日本政府は日本銀行に国債の利払いをしているが、日銀の決算が終わると「国庫納付金」として戻ってきている。

国債の金利が政府から日本銀行に「行って、帰って」を、毎年繰り返しているのだ。

ＩＭＦ（国際通貨基金）は、中央銀行が保有する国債について、

「この指数は各国にゼロから100の点数を付ける。点数が高いほど、投資家による突然のボイコットに見舞われやすいことを意味する。自国の中央銀行が国債の100％を保有している国の点数はゼロ」（2012年12月7日　ブルームバーグ「借金漬けでも日米は大丈夫　ギリシャが駄目な理由はこれ」より）

としている。すなわち、中央銀行が保有する国債のデフォルト（債務不履行）率はゼロなのだ。

中央銀行が政府の子会社である以上、当然の話である。

というわけで、**政府は「自国通貨建て国債」を中央銀行に購入させると、借金の返済負担（利払い負担も）がなくなってしまう。**「ずるい！」などと思わないでほしい。国家とは、そもそもそういうものだ。

日本に「国の借金問題」など存在しない

さて、12年9月末時点の日本国債の発行残高は、総額で781・1兆円だった（日銀「資金循環統計〈確報値〉」、以下同）。

3カ月後、12年末時点の国債発行残高は、総額で783・3兆円。わずか3カ月間で、財務省のいう「国の借金」は2兆円も増えたのだ。

「大変だっ！　また借金が増えたっ！」と、言いたいところだが、前記の国債発行残高の総額には、日本政府の「子会社」である日本銀行が保有する分も含まれている。

12年9月末時点の日銀が保有する国債残高は約83・7兆円。

3カ月後の12月末時点が90・9兆円。政府の「実質的に返済が必要な借金」を見る場合は、子会社である日本銀行が保有する国債は省かなければならない。

次ページの図のとおり、日本政府の返済が必要な「国の借金」、すなわち「実質的な国の借金」で見ると、**日本政府の国債発行残高は2012年9月末から3カ月間で、約5兆円も減っている。**

2012年9月から12月といえば、白川方明《しらかわまさあき》日銀の時代になる。ろくに金融政策を実施しなかった2012年の後半ですら、日銀の国債買い取りのおかげで「実質的な国の借金」は減少していたのである。13年からは金融政策が拡大したため、「実質的な国の借金」はさらに減っていっている。

12年9月末時点と12月末時点の図を比較すると、日銀の量的緩和が主に「国内の銀行か

日本銀行を除いた日本国債所有者別内訳

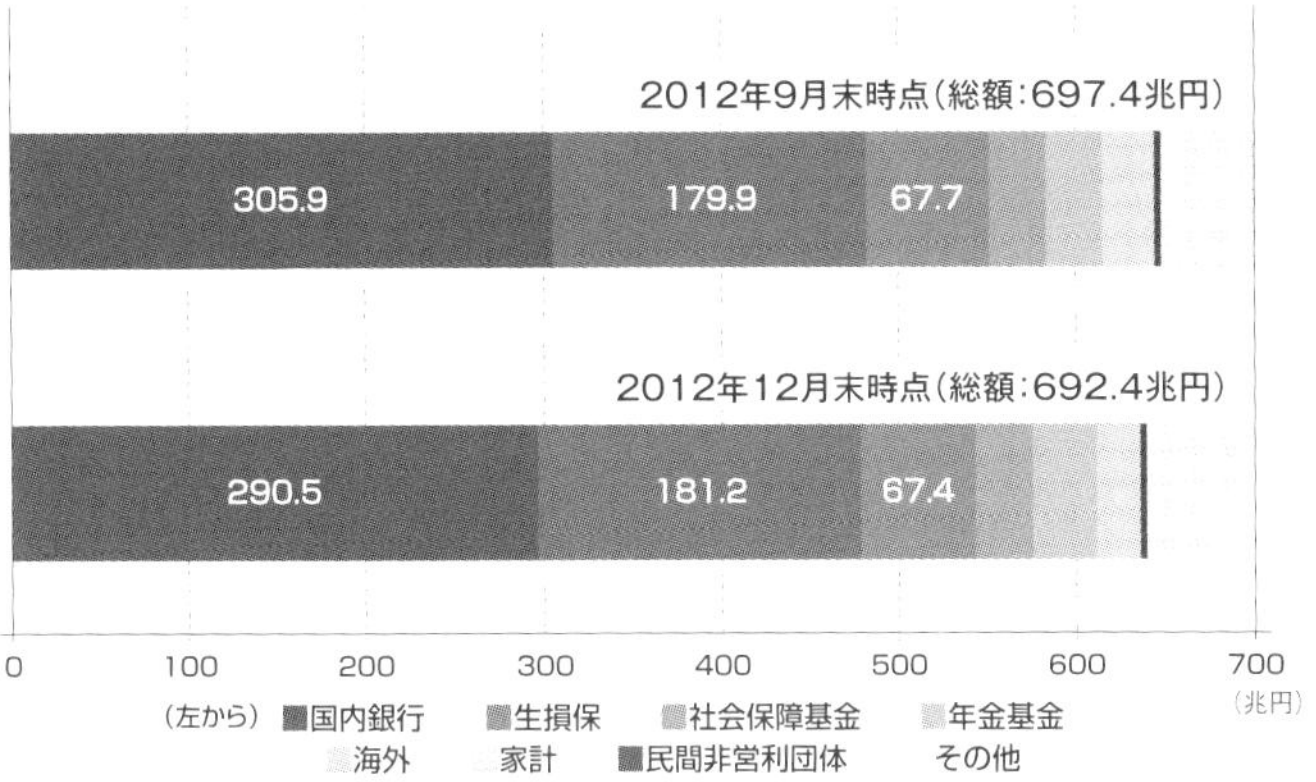

出典：日本銀行「資金循環統計（確報値）」

ら国債を買い取る」形で実施されていることがわかるだろう（国内銀行の保有国債が減っている）。

声を大にして、かつ繰り返し言いたいわけだが、現在の日本に「国の借金の問題」など存在しない。いまだに「日本は国の借金で破綻する！」などと言っている連中は、日本の「実質的な国の借金」が減少している現実を、いかに説明するのだろうか。

日本は世界一のお金持ち国家

数多くある日本の世界一

大手マスコミではほとんど報じられないのだが、じつはわが国は数多くの「世界一」を誇る国である。

まずは昔から「同一の国名」を使っている国としては、世界一古い。

朝鮮半島の歴史書である『新羅《しらぎ》本記』には、「670年、倭国《わこく》が国号を日本と改めた」とある。670年といえば、天智《てんち》天皇、壬申《じんしん》の乱、天武《てんむ》天皇の時代だ。これほど古くから国号（国家の呼称）が変わっていない国は、世界に日本国ただ一国である。

無論、神武天皇から連なる皇統も、君主を頂く他の国と比べると桁違《けたちが》いに長い。

男女総合の平均寿命も世界一高い（83歳）。WHOの統計によると、日本人の健康達成度評価は総合で世界一だ。

また、2013年10月にOECD（経済協力開発機構）が公表した「国際成人力調査」

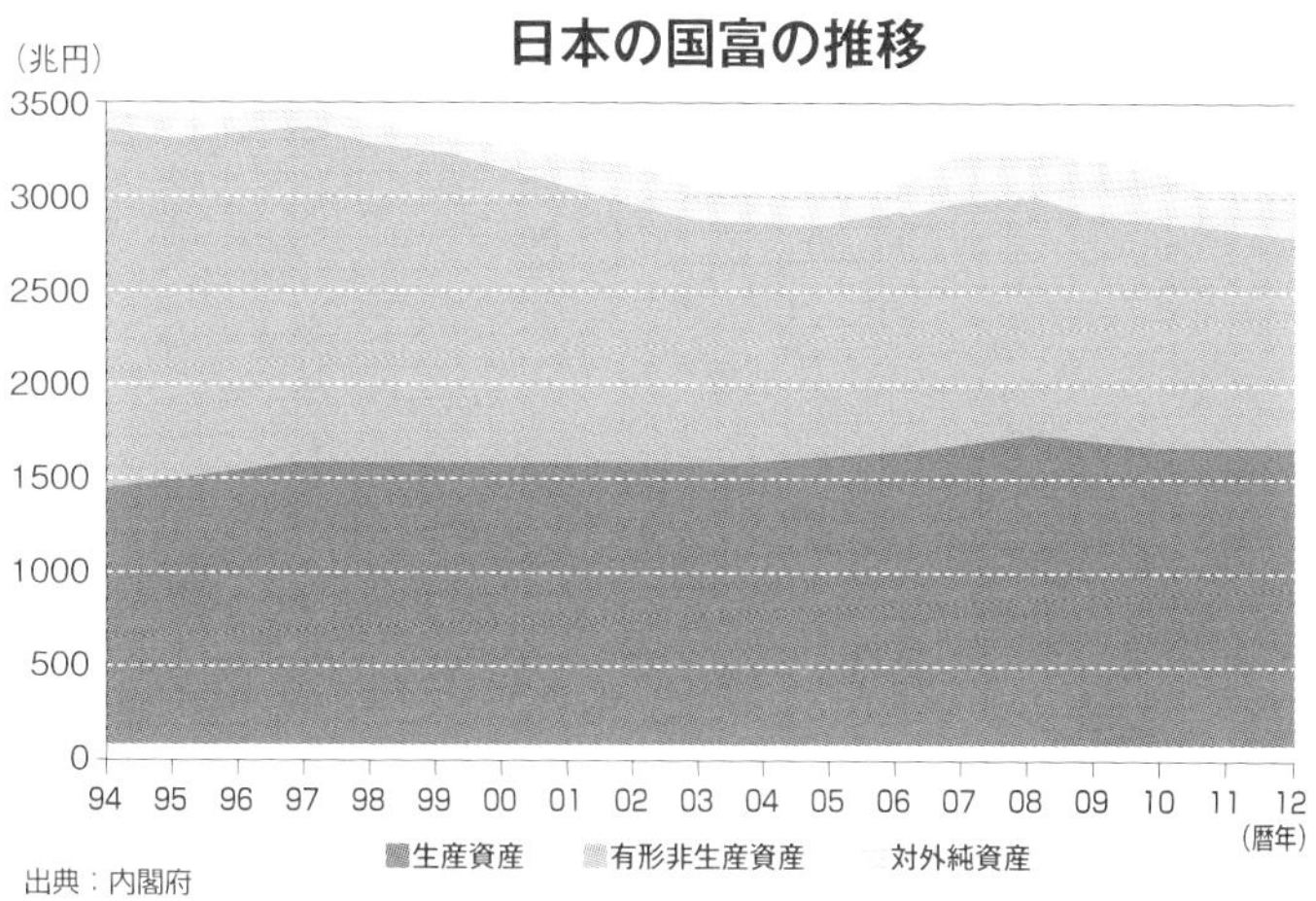

出典：内閣府

によると、日本人は「読解力」「数的思考力」「ITを活用した問題解決能力（コンピューター調査を受けた者の平均点）」という三つの調査項目「すべて」においてトップとなった。

さらに、タイム誌が主要20カ国を対象に実施した「国家イメージ」に関する調査で、日本は07年から4年連続第一位に輝いた。

加えて、わが国の製造業の生産性、つまりは「労働者一人あたりの付加価値」もまた世界一である。

ウォールストリート・ジャーナル紙によると、日本の製造業における従業員一人あたりの付加価値額は8750ドル（約90万円）で、ドイツやアメリカをしのぎ首位に位置している。

さて、14年1月20日に内閣府が「国富統計」を発表したのだが、12年末のわが国の国富は5年ぶりに増加し、対外純資産も過去最高の296・3兆円に達したとのことである。

国富とは、生産資産、有形非生産資産、対外純資産の三つから構成される。

定義を簡単に書いておくと、

（1）生産資産＝生産活動の成果として生み出され、かつ生産のために使用される有形資産であり、在庫と有形固定資産、無形固定資産からなる。

（2）有形非生産資産＝生産活動の直接の成果物ではない有形資産であり、土地、地下資源、漁場などからなる。

（3）対外純資産＝対外資産から対外負債を差し引いた後の資産の総額。差し引いた結果マイナスとなった場合には、「対外純債務（対外純負債）」の語が用いられることとなる。

わかりやすく書くと、国民が「所得」を稼ぐための基盤であるインフラ、工場、建築物、設備等（以上、生産資産）と、同じく所得を稼ぐための基盤である土地、地下資源、漁場（以上、有形非生産資産）、さらに外国とのお金の貸し借りの収支である対外純資産から成り立っているのが国富だ。

ちなみに、169ページの図にある、わが国の国富の「有形非生産資産」は、緩やかに減り続けているが、これは土地の名目値（金額）が下がったためである。

バブル崩壊後、わが国の地価は下落を続け、「名目で見た有形非生産資産」という国富が縮小したのだ。別に、土地の面積そのものが縮小したわけではない。

世界一の日本をさらに良くしよう

ところで、読者の現金預金などの金融資産は国富に含まれない。理由は、預金は読者にとっては資産だが、銀行にとっては負債であるためだ。

国家全体のバランスシートで見れば、預金や現金といった金融資産は、借方と貸方に同額資産計上、負債計上されるため、相殺されてしまう。金融資産の中で国富に含まれるものは、「外国に貸しているお金（対外資産）」から「外国から借りたお金（対外負債）」を差し引いた対外純資産のみである。

日本はこの「対外純資産」が22年連続世界一だ。つまりは「世界一のお金持ち国家」ということになる。

日本が国家として世界一のお金持ち国家であることを、果たして日本国民、日本の政治家の何割が知っているだろうか。

こう書くと、

「日本国家は金持ちかも知れないが、国の借金（正しくは政府の負債）も世界一だ！」

と、ウソの反論をしてくる人がいる。

確かに、わが国の「自国通貨建て」の政府の負債は、1000兆円を超えている。とはいえ、現実には「世界で最大の負債を抱えている政府」はアメリカ連邦政府であり、日本政府ではない。

リーマン・ショック以降の債務拡大の影響で、現在の「世界でもっとも負債が大きい政府」はアメリカ連邦政府なのである。

もっとも、日本にせよ、アメリカにせよ、政府の負債は自国通貨建て（円建て、ドル建て）だ。**自国通貨の発行権限を持つ独自通貨国の日米両国が、「自国通貨建て」の負債のデフォルト（債務不履行）に陥ることはない。**

いずれにせよ、

「日本国が国家として見た場合、世界一のお金持ち」である事実を知っているのと知らないのとでは、国民の自国に対する「イメージ」が大きく変わってしまう。

よって筆者は、14年2月の東京都知事選挙において、前記の類の事実を認識しており、「世界一の日本を、さらに良い国にしよう」と、明るく語る人物に次の東京都知事になっていただきたいと、一東京都民として切に願ったわけである。

自虐《じぎゃく》史観に侵され、「日本は悪い国だ……」「日本はダメな国だ……」などと間違った認識を持っている人物を都知事として頂くのは真っ平御免《ごめん》だったからだ。

第4章

甦ってきた構造改革の正体

一般の国民が損をする危険な改革論

改革はレント・シーキングの実現のため

たとえば、「日本の財政は破綻する！」と主張する人がいたとして、彼らが次に何を言い出すかと言えば、「だから、公共事業に民間の活力を導入するのだ！」「だから、医療費抑制のため混合診療解禁だ！」と、新古典派経済学に基づく「改革」を必ず持ち出してくる。

財政破綻論と「改革」の組み合わせは、要注意である。なにしろ、彼らが推す「改革」を実施したとき、必ず「誰か」が得をし、別の「誰か」が損をすることになる。そして、たいていのケースで、損をするのは一般の日本国民だ。

要するに、**彼らが求める「改革」は、後ろにいる誰かのレント・シーキング（自らに都合よくなるよう規制を設定、または解除させることで超過利潤を得ようとする活動）を実現するためである場合が多いのだ。**

彼らは、実際には財政などどうでもいいというか、日本の財政が破綻しないことなど理解している。単に、誰かの得となる「改革」を実現するために、財政問題を持ち出しているにすぎない。

典型的な例が、混合診療をめぐる議論である。

日本政府は２０１３年６月12日に発表した成長戦略に、保険診療と保険外診療（いわゆる自由診療）の併用を「例外的」に認める混合診療の拡大を盛り込んだ。

まずは13年秋をめどとした、抗がん剤分野における混合診療の適用である。もっとも、経済界や一部の政治家が求めている「混合診療の全面的解禁」は見送り、あくまで例外的適用という立場を崩していなかった。

厚生労働省は、過去にも先進医療の分野において、混合診療を認めている。とはいえ、いずれ自由診療を「保険適用にする」ことを前提としていることに変わりはない。

さらに、成長戦略の中には、医薬品や診療の「保険適用」のための審査を迅速にするために、外部機関による専門評価体制の新設が盛り込まれた。

これにより、従来１件あたり半年以上を必要としていた審査期間を、３カ月程度に短縮することを目指すということだが、その目的は、特に保険適用が望まれている抗がん剤の分野において、新薬を迅速に認可し、保険適用とし、医師や患者が金銭的に使いやすくすることだ。

現在も、自由診療を保険診療と併用することはできる。

とはいえ、日本政府は混合診療を原則的に認めていないため、両診療を併用すると、保険診療分に対しても政府の公的医療費は支払われない。保険適用分を含めて、全額自己負担となるのである。

これを改め、両診療を併用した場合に「保険適用分は政府の公的医療費で支出するべきだ」というのが、混合診療推進派の主張だ。

それに対し、日本医師会などは「患者が受けられる医療サービスに、金銭的事情から格差が生じる」と反対している。

筆者はもちろん混合診療の解禁には反対で、

「単に自由診療を保険適用に組み込んでいけばいいだけの話ではないか」

と、考えている。

外国で実績がある抗がん剤などについては、速やかに保険適用とし、患者の負担を最小限に抑えたまま、国民幅広く先端の医療サービスを受けられるようにするべきという意見である（「速やかに」とはいっても、十分かつ慎重な審査が必要なことは、今さら書くまでもない）。

混合診療の解禁で国民の医療費は増える

ところが、こうした主張を口にすると、即座に、

「財政問題があるのだから、そんなことができるはずがない！　自由診療を次々に保険適用にしていたら、財政がもたない。公的医療費を抑制するためには、混合診療解禁という改革を遂行するしかない」

という反論が飛んでくるわけである。

だが、この手の反論は極めて「奇妙」だ。混合診療を解禁したところで、別に政府の医療費が抑制されるわけではない。

落ち着いて考えてみれば、誰にでもすぐに理解できるはずだ。

混合診療を全面解禁すると、政府の公的医療支出はむしろ拡大する。

これまでは自由診療と保険診療を混合させた場合に、保険診療分についてまで公的医療

支出が実施されなかったのだ。

すなわち、両診療を併用した場合、患者が全額自己負担をするか、もしくは治療を諦めていたはずなのである。

自由診療と保険診療を混合させた場合に、保険診療分については政府の公的医療費でカバーする。これが混合診療の解禁であり、当たり前だが、

「これまでの政府は自由診療と混合された保険適用分の診療費を支払っていなかった。混合診療が解禁された場合、これまで払っていなかった保険適用分の診療費について、政府が公的医療費の支払いを求められる」

という話になり、どう考えても政府の公的医療費は拡大する。

混合診療の解禁の理由に「財政問題」を挙げる人は、頭が悪いのか、それともすべてを理解し、混合診療解禁を「誰かのためのビジネスチャンス」として見ているかのいずれかだろう。

現実に「経済界」が全面解禁を求めている以上、「ビジネスチャンス」として見ている人が多いのだと思うが、実際に混合診療を全面解禁すると、

「国内の医療格差が拡大し、なおかつ政府の公的医療支出は増大する」

という事態になる。

最終的には、**わが国の医療サービスはアメリカ的に、医療費の自己負担分が一方的に膨れ上がっていく構造になるだろう。**

「おカネがあれば、命が助かる。おカネがないと、助からない」というアメリカ型の社会を、日本国民は本当に望むのか。

もちろん、最先端の自由診療を審査し、次々に保険適用にしていくと、混合診療解禁以上のペースで公的医療支出が増えていく。

とはいえ、わが国はいまだにデフレである。デフレが継続している以上、わが国に財政問題などない。政府はデフレ期には国債発行、通貨発行による財政出動で公的医療費の伸びを賄《まかな》えばいい。

デフレから脱却し、日本経済が健全なインフレ率の下で成長を始めれば、税収が伸びる。

デフレ脱却後は、税収で公的医療費をカバーしていけば済む話だ。

混合診療に限らず、日本の医療サービスの改革を求める人たちは、果たして「誰のために」それを叫んでいるのか。日本国民はよく見極めなければならない。

構造改革で狙われる農業・医療・電力サービス

日本の安全保障を脅かす「特区構想」

1989年の日米構造協議開始以降、アメリカは日本に対し「構造改革」を要求することを続けてきた。日米構造協議は93年に日米包括経済協議と名を改め、2001年には年次改革要望書（正式には「日米規制改革および競争政策イニシアティブに基づく要望書」）へと姿を変えた。02年の対日年次改革要望書に、以下の文言がある。

〈（前略）Ⅱ　構造改革特区（特区）

米国政府は、日本政府による構造改革特区導入計画を注視している。規制緩和や構造改革に向けての、こうした新たな取り組みが効果的に実施されれば、日本が持続可能な成長路線に復帰するための重要な機会となる。日本がこの計画を推進するに当たり、米国は以下のことを提言する。

Ⅱ―A　特区が透明な形で選定され、導入される。

Ⅱ―B　競争促進のカギとなる市場参入機会の拡大に焦点を当てる。

Ⅱ―C　国内外の企業双方が、特区内で事業展開できるよう非差別的なアクセスを確保する。

Ⅱ―D　構造改革特区推進本部は、特区の効果を見極めるため透明性の高い点検メカニズムを構築する。

Ⅱ―E　類似した分野を対象とする特区構想の認定には制限を加えないという理解のもと、特区を創設する。

Ⅱ―F　特区内で成功した措置については、可及的速やかに全国規模で適用する。

（後略）〉

（傍線部は筆者。ちなみに、本文書は現在もアメリカ大使館のホームページに普通に公開されている）

おわかりだろう。**現在の安倍政権が推進している「国家戦略特区構想」は、アメリカからの「構造改革要求」に唯々《いい》諾々《だくだく》と従っているにすぎないのだ。**小泉政権期に不完全に終わった日本の「構造改革」を、安倍政権で完成させようとしているわけである。

具体的に、いかなる「構造改革」が実施されるのだろうか。

真っ先に規制が緩和され、産業構造が「グレート・リセット」されるのは、安倍総理大臣の所信表明演説を聞くかぎり、農業、医療、そして電力サービスだろう。安倍総理はこの三つの産業について「将来の成長が約束される分野で、意欲のある人にどんどんチャンスを創ります」と語っていた。

羨《うらや》ましい。安倍総理大臣は「将来の成長が約束される分野」が事前に予想できるようだ。筆者にこの能力があれば、きっと今頃は億万長者になっていたことだろう。

皮肉はともかく、事前に「どの産業分野が成長する」などということが人間にわかるはずがない。健全なインフレ率の下で、企業が各々狙いを定めた分野に自由に投資し、数多くの敗者を出し、最終的に「この産業が成長分野だった」ということが「後になって」わかるのだ。事前に成長産業がわかるなら、投資に失敗する企業などない。

しかも、安倍総理が名指しした農業、医療、電力サービスは、わが国の安全保障にかかわる分野ばかりである。

それぞれ「食料安全保障」「医療安全保障」「エネルギー安全保障」と、国民への安定的な供給が必須な分野を「構造改革特区」において「市場原理」の荒波にさらすことになる。

民主主義を踏みにじる一部の官僚と民間議員

安倍政権は、消費税増税を判断して以降、おかしくなってしまった。アメリカからの構造改革要求を受け、手法（特区）まで年次改革要望書に書かれた「指示」に従い、国民の食料、医療、エネルギーの安全保障を弱体化させる。これを「成長戦略」などと呼ぶわけだから、欺瞞《ぎまん》もいいところだ。

２０１３年10月20日、さらにとんでもない事実が明らかになった。

安倍政権は、国家戦略特区を進めるための関連法案に、内閣総理大臣を議長とする「特区諮問会議」の設置を盛り込む方針を固めた。その会議のメンバーから、厚生労働相、農林水産相など関係分野の大臣を外すという。

自民党における議論を無視し、特区諮問会議からは閣僚を排除する。代わりに誰が諮問会議をリードするかと言えば、官僚と「民間議員」である。民間議員とはいっても、単なる民間人にすぎない。安倍政権は、諮問会議や特区を活用し、民主主義のルールを踏みにじり、アメリカや国内の投資家、企業家たちが切望する「構造改革特区」を実現しようとしていることになる。率直に書くが、正気の沙汰《さた》ではない。

「構造改革特区（正しくは国家戦略特区）とはいっても、一部の地域のことでは……」

などと、甘く見るなかれ。なにしろ、アメリカの対日年次改革要望書にも明記されているとおり、「特区内で成功した措置については、可及的速やかに全国規模で適用する」のである。そして、各種の「措置」が特区において成功したか否か、誰が判断するのか。もちろん、政府内に設置された特区諮問会議の民間議員の皆様である。

「民間議員を中心に構成された特区諮問会議で、特区における規制緩和措置を決定する」

「特区で成功したか否か、民間議員中心の諮問会議が判断し、全国レベルに拡大する」

民主主義は、どこに消えたのか。

ところで、民主主義の壁を突破して、一部の企業家、投資家たちが「自分たちの利益を増やす」レント・シーキングを可能とする規制緩和を実現するためには、どのような手段があるだろうか。

一つは、アメリカ式に、「企業家と政治家が結びつき、ロビイングにより民主主義を動かす」である。アメリカは特定の条件を満たす政治団体への献金が「無制限」であり、企業と政治家の結びつきが強まっている。

さらに、アメリカには企業と政治家を結びつける大勢のロビイストが存在している。ロビイストとは、政府の政策に影響を及ぼすことを目的に、特定の主張をもってロビー活動を行なう人物、あるいは集団を意味する。ロビー活動とは、個人や企業、あるいは特定の団体が、特定の目的を実現するために行なう政治活動である。

ロビイストが各産業に「数千人」単位で存在するとはいえ、アメリカはまだしも「政治家」が各種の政策を決定している。政治家が一部の投資家や企業の影響を受けているのは確かだが、少なくとも民主主義のプロセスを無視してはいない。

それに対し、現在の安倍政権の「特区構想」の進め方は、完全に民主主義的な手続きをすっ飛ばしている。

われわれの生活を大きく変えるどころか、日本の「国の形」までをも変貌させかねない大々的な規制緩和を、総理大臣と一部の官僚、民間議員だけで決めてよいはずがない。

民間議員中心の会議に「構造改革」を主導させ、有権者から選ばれた国会議員や閣僚は、「抵抗勢力」として議論にすら参加させない。こんな手法がまかり通るのでは、日本の民主主義は終わりだ。もう一度書くが、とんでもないことになってきた。

公共サービスの民営化と地方交付税をめぐる闘い

大阪市の水道事業民営化の不思議

最近、まるで小泉政権期のように「構造改革」に関連した報道が増えてきている。

2013年11月9日、大阪市が100％出資する新会社に、30年間分の水道サービスの運営権を売却して民営化する方針を固めたとの報道が流れた。浄水場などの資産は大阪市が保有したままで、かつ水道料金にも上限を設ける、いわゆるコンセッション方式による民営化。既存の水道職員（約1600人）は大半が新会社に転籍となり、将来的には1000人まで削減するとのことである。大阪市が本当に水道事業を民営化した場合、全国の自治体では初となる。

水道の民営化が実施された場合、大阪市の行政コストは下がる（そもそも、それが目的だ）。とはいえ、別に水道の運営権を購入した「水道株式会社」は、新たな付加価値を創出するわけではない。水は単なる水であり、しかも現状の大阪市の水道サービスは「品質が悪い」「水が供給されない」等の問題を抱えているわけではないのだ。

たとえば、現状の大阪市の水道サービスが、水質が悪い、あるいは「必要な家庭・企業に水が供給されない」などの問題を抱えていた場合は、水道の民営化は正当化される。水道事業を民営化することで、

「大阪市民に供給される水の品質が向上する」

「これまで水道サービスを提供されていなかった家庭・企業に、水が供給される」

などの「新たな付加価値」が創出されるためである。新たな付加価値創出があって初めて、水道民営化は「正しい解決策」になり得るのだ。

とはいえ、現実は異なる。**大阪市が水道を民営化したところで、サービス享受者である大阪市民に対する付加価値が高まるわけではない。**

付加価値を創出しないとは、「所得（＝付加価値）のパイが一定」という話である。水道が民営化されたからといって、

「それでは、水道サービスを使おう」

などと言う人は、一人もいないだろう。すでに、すべての大阪市民は、既存水道サービスのユーザーなのだ。所得のパイが増えない状況で、水道株式会社が「新規参入」し、事

業を請け負う。そのために、法律を変更する。果たして、何が目的なのか。

さらに、11月12日には、経済産業省が家庭向け都市ガス事業者の利用者が「自由に」購入先を選べるようにする制度改革を実現するため、有識者会合を開いたことが報道された。事業者間の「競争」を促し、料金値下げやサービス向上につなげたいとのことである。

電力自由化や水道民営化も同じだが、ライフラインの公共サービスの「民営化」や「自由化」が正当化されるのは、

「ライフラインを提供する公共企業が、競争原理が働かないため、不安定で品質が悪いサービスを提供し、消費者の需要が満たされていないにもかかわらず、過剰利益を得ている」

ケースのみである。現状の日本のガスサービスは、こういう状況なのだろうか。

水道民営化のケース同様に、ガスの自由化を実現したからといって、

「ガスが自由化された。ならば、ガスを使おう」

などと判断する都市ガスのユーザーは一人も、繰り返すが「一人も」いないだろう。ガスのユーザーは、現時点でユーザーであり、自由化したからといって「ガスサービスの需

要」「ガスサービスの付加価値」「ガスサービスの所得」が増えるわけではない。

強要される地方自治体間の競争

ＧＤＰ三面等価の原則により、付加価値（生産面ＧＤＰ）と需要（支出面ＧＤＰ）、そして所得（分配面ＧＤＰ）は必ずイコールになる。

新たに付加価値が生まれるわけではないにもかかわらず、民営化、自由化路線を突き進み、新規参入企業に「レント（超過利潤）」を獲得する機会を与える。**安倍政権は、レント・シーキング内閣と化しつつある。**

さらに、翌11月13日には、政府が２０１４年度に地方自治体に配る地方交付税の算定基準について、「産業振興の成果を上げた地方自治体」に交付税を加算する制度を復活させると報じられた。本制度は5年前に廃止されたのだが、またもや「地方自治体に競争を強いる制度」が復活することになる可能性がある。

そもそも、地方税収で賄《まかな》いきれない地方行政の経費を中央政府が補うものが「地方交付税」である。政府は、「２０１４年度は企業業績の回復で、地方税収の増加が見込まれる」

としており（消費税増税の影響は考えられているのか）、交付税の給付について「産業振興の度合い」で差をつけようとしているのである。

企業の誘致や産業振興に熱心な自治体には多くの地方交付税を普及し、そうでないならば交付を減らすという話なのだ。

より具体的には、製造業の出荷や農業産出額などについて、過去の推移と比べて大きく伸びた自治体に交付税を加算する案が検討されているようだ。すなわち、「地方自治体は互いに競争せよ。競争に勝ったところには、より多くの地方交付税を加算する」という制度になる（戻る）わけだ。

現実には、現在のデフレ期に「産業振興」に努力していない地方自治体など、ほとんど存在しないだろう。努力を重ねてもなかなか所得を増やせないのが、デフレの残酷な一面である。それにもかかわらず、結果で差をつける、ということだ。

インフレ期はともかく、デフレ期に企業誘致に成功する自治体はそれほどない。さらに、製品や農産物の出荷額が伸びる、伸びないは、自治体が当初から備えている環境条件（地理的条件など）に大きく左右されることになる。

したがって、各自治体の環境、パラメーター（条件）が異なるにもかかわらず、「同じルール」で競争せよ、ということになり勝った自治体には、交付税を多く出すが、負けた自治体は、交付税が少なくなる……。負け組になりたくなければ、自治体同士で互いに競争せよ、という話なのだろうか。まるで「ユーロ」である。ヘビー級ボクサーと、ストロー級ボクサーが、同じリングで戦うことを、制度的に強要するわけだ。

「競争」に負けた自治体は、十分な地方交付税を給付されず、公共サービスが劣化していき、「さらなる負け組」への道をたどることになる。

もちろん、健全なインフレ下で、経済成長率が高い時期であれば、それなりに正当化されるのかも知れない。だが、デフレで「所得全体のパイ」が縮小している時期に、自治体同士を競争させれば、**所得のパイが増えていない以上、「勝ち組の自治体」が所得を増やしたとき、必ず反対側で「負け組の自治体」の所得が減ることになる。**

この種の「路線」を突き進むと、最終的にどうなるか。じつは、筆者は約1年前の時点で、わが国で新古典派経済学に基づく「構造改革路線」を究極まで推進すると、社会がいかに変貌を遂げるのかシミュレートした小説『顔のない独裁者』（さかき漣 著、ＰＨＰ研究所）を企画した。構造改革が行き着くところまで行き着いた世界を疑似体験したい読者は、ぜひとも一読してほしい。

刑務所の民営化は儲かるビジネス

アメリカの民間刑務所はレント・シーキングの典型

アメリカのノーベル経済学者ジョセフ・スティグリッツ教授は、自著において、

「アメリカの政治制度は上層の人々に過剰な力を与えてしまっており、彼らはその力で所得再配分の範囲を限定しただけでなく、ゲームのルールを自分たちに都合よく作りあげ、公共セクターから大きな〝贈り物〟をしぼり取ったからだ。経済学者はこのような活動を〝レント・シーキング〟と呼ぶ。富を創出する見返りとして収入を得るのではなく、自分たちの努力とは関係なく産み出される富に対して、より大きな分け前にあずかろうとする活動のことだ」

と、書いている。

他でもたびたび触れている「レント・シーキング」であるが、アメリカにおける公共セクターの民営化、規制緩和の進行具合は半端ではない。

なにしろ、１９８０年代以降、刑務所という「行政サービス」までもが民営化されるようになってしまったのだ。

刑務所という資産は政府が保有したまま、運営について「民間刑務所株式会社」が委託を受ける。そして、信じがたい話だろうが、民間刑務所（株）の売り上げは「刑務所の稼働率」により決定される。

すなわち、刑務所の稼働率が高ければ高いほど、民間刑務所（株）の売り上げや利益が増える仕組みになっているのだ。

アメリカの下院で審議中の法案の中に、「移民制度改革法案」がある。本法案は国境監視や不法就労取り締まり強化の内容を含んでいる。

本法案が成立すると、間違いなくアメリカの刑務所に収監される不法移民が増える。**刑務所の収監者が増えると、「刑務所の稼働率」も上昇し、民間刑務所（株）は売り上げが高まる。**

現在、アメリカの民間刑務所（株）が受け取る予算は、収監者一人あたり６万ドル（約６００万円）に及ぶケースがあると言われている。

不法移民として収監される人が一人増えるだけで、民間刑務所（株）は年間の売り上げが600万円増えるわけだ。

というわけで、アメリカの刑務所業界は「移民制度改革法案」に強い関心を寄せている。より露骨に書くと、法案成立のためのロビー活動に精を出しているのである。

現在、アメリカの刑務所の収監者数は約250万人で、世界最多だ。収監者の大半は不法移民だが、近年は些細《ささい》なトラブルが原因であるにもかかわらず、刑務所に収監される人が増えている。

たとえば、不法移民のアメリカへの再入国は、以前は起訴の対象とならなかった。ところが、近年は最高3年の実刑を言い渡されるケースがある。

不法移民を単に強制送還するだけでは、アメリカの民間刑務所（株）が儲からない、という話だ。

刑務所がおいしい投資先と化している

さらに酷《ひど》いことに、アメリカの民間刑務所（株）は刑務所の運営のみならず、収監者の「派遣業」でも利益を上げる。収監者を土木事業などへの派遣に出し、売り上げを上げる

日本の犯罪認知件数、検挙件数、検挙率

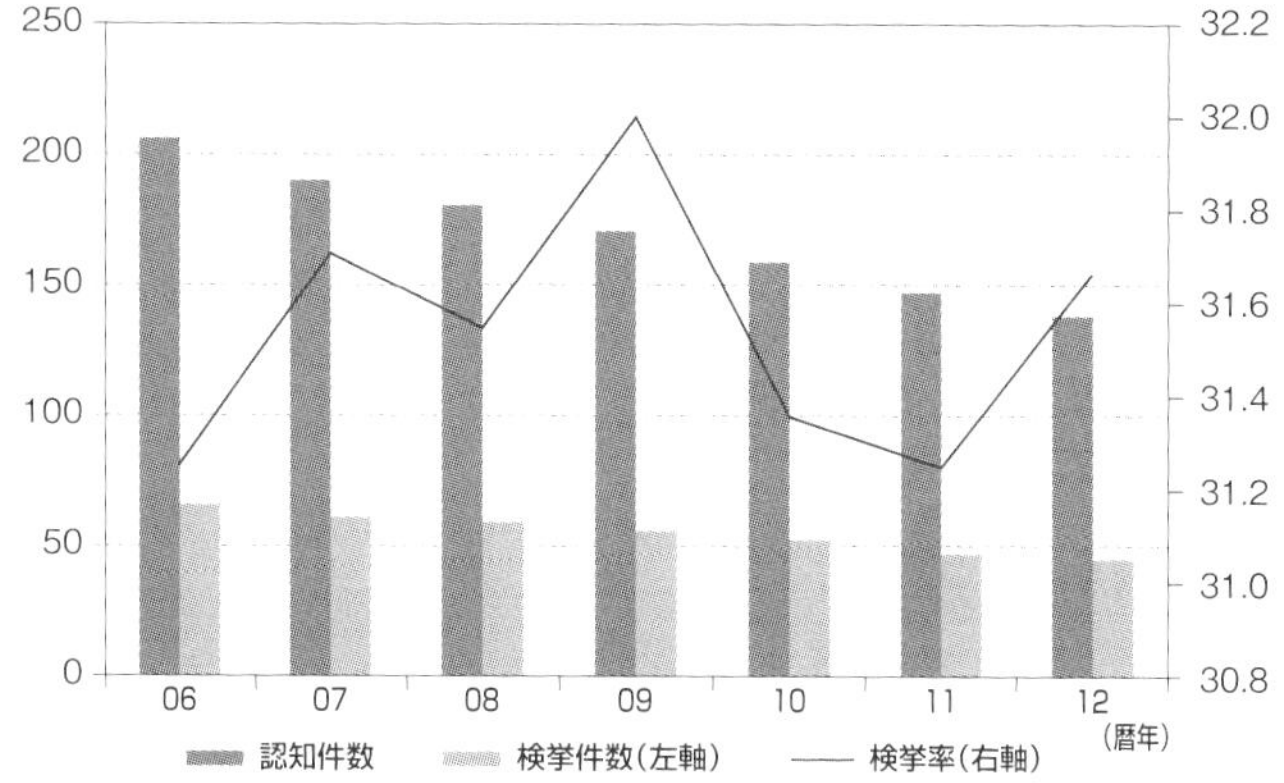

出典：警察庁「平成24年の刑法犯罪認知・検挙状況について」より

わけだ。

想像がつくだろうが、収監者に支払わなければならない賃金は極めて安い（時給数セントだそうだ）。すなわち、産軍複合体ならぬ“産獄複合体”が形成されているのが、現在のアメリカの姿なのだ。

収監者が「低賃金労働者」として使われるのは、何も土木プロジェクトとは限らない。なんと、企業のコールセンターの業務に収監者が就いているケースもあるのだ（とにかく、人件費が安い）。

企業から見れば、正規社員はもちろんのこと、派遣社員を雇うよりも民間刑務所（株）に収監者を派遣してもらったほうが、安上がりで済むという話なのだ。

アメリカで企業の相談窓口に電話をかけると、じつは「刑務所内に設置されたコールセンター」につながっている、などというケースは、もはや普通のことである。

刑務所の稼働率を高め、さらに収監者を派遣として働かせることで、民間刑務所（株）の利益は最大化され、株主に配当金が支払われる。冗談でも何でもなく、アメリカでは刑務所が「おいしい投資先」と化しているのが現実だ。

ちょっと待って！　と、心の底から叫びたい。

刑務所の稼働率が低い、すなわち収監者が少ないことは、社会的に見れば慶事である。なにしろ犯罪者が減っているという話だ。

ところが、アメリカの場合、社会の治安が改善し、刑務所に送られる犯罪者が少ないと、民間刑務所（株）の売り上げは減ってしまう。

不法移民で言えば、強制送還するよりも、実刑を食らわせて刑務所に放り込み、彼らを低賃金労働者として派遣したほうが、民間刑務所（株）は儲かる。これは、通常「人権侵害」と言わないだろうか。

さて、前ページの図は日本の犯罪認知件数、検挙件数、検挙率をグラフ化したものだ。

じつは、昨今の日本の治安は、年々、改善している。読者が「そんなはずはない。日本の治安は悪化しているはずだ！」と思われたとしたら、一部の凶悪犯罪を繰り返し報じるメディアに印象操作されてしまっているためだ。

犯罪が減り続けるわが国においてまで、刑務所の株式会社化や民営化を叫ぶ人が少なくない。

すでに、刑務所のＰＦＩ（民間資金の導入）は数件、始まってしまった。

おそらく、刑務所のＰＦＩや株式会社化を推進する人たちの多くは、「善意」に基づいており、自分が正しいと信じているのだろう。

とはいえ、**彼らの「背後」には、刑務所の民営化で「利益」を得る「誰か」が必ず存在しているのだ。**

この冷徹な事実を、日本国民は承知しておかなければならない。

1割に満たない再生可能エネルギーの稼働

電力需要とは無関係な買い取り制度

再生可能エネルギー特別措置法に基づくＦＩＴ（再生可能エネルギー固定価格買い取り制度）が、予想どおり奇妙な事態に陥っている。

経済産業省は２０１３年８月20日に12年度の再生可能エネルギー導入状況を発表しているが、13年９月の時点で、稼働しているのはなんと認定事業者の１割に満たないという。これはいったい、どういうことなのか。

改めて説明すると、ＦＩＴとは太陽光や風力などの再生可能エネルギーで発電した電気について、最大20年間、電力会社が固定価格かつ無制限に買い取る制度である。

とはいえ、電力会社は再エネ買い取り代金を負担しない。実際に、ＦＩＴで発電された電気の買い取り代金を支払うのは、家計や企業などの消費者である。読者に送付される電気料金の領収書や請求書を見ると、しっかりと「再エネ賦課金《ふか》」が加算されているはずである。

さて、たとえばＦＩＴを利用し、太陽光発電のビジネスを始めようとする投資家がいたとする。投資家は経済産業省と電力会社に事業開始を申請し、認定を受けたうえで太陽光パネルを設置し、発電事業を開始することになる。

先にも書いたとおり、現在のＦＩＴの太陽光発電のビジネスでは、すでに稼働、発電を開始している事業者は「認定事業者」の１割に満たない。

理由は次のとおりだ。

ＦＩＴの買い取り価格は、なぜか「認定時点」のものが適用される。すなわち「稼働時点」「発電開始時点」ではないのだ。投資家が経産省や電力会社に申し込みを行ない、認定を受けた「時点」の買い取り価格が「稼働時点から（最大）20年」適用されることになる。

というわけで、投資家が利益を最大化するためには、取りあえず経産省と電力会社に申し込みを行ない、認定を受け、じっくりと太陽光パネルが値下がりするのを待つのがもっとも「賢い手法」になるのだ。

その太陽光パネルは世界的に供給過剰であるため、時間がたてばたつほどパネル価格は安くなる。パネル価格が十分に下がったと判断した時点で、パネル設置の工事を開始し、太陽光発電事業を開始すると、「認定を受けた時点」の価格で最大20年間買い取ってもらえる。

もちろん、**市場の電力需要とは無関係に「とにかく、発電しさえすれば、固定価格で買い取ってもらえる」わけで、これほどおいしいビジネスはない。**

太陽光発電の買い取り価格は、当初は1キロワット時当たり42円で、13年8月末の時点では38円だ。たとえば今後、買い取り価格が10円に下落したとしても、発電事業を開始した企業は「認定を受けた時点」の価格で買い取ってもらえる。

どう考えても、経産省やエネ庁は、FITを導入する際に、

「申し込みから最大1年以内に発電を開始すること。さもなければペナルティ」

あるいは、

「買い取り価格は認定を受けた時点ではなく、発電を開始した時点のものを適用する」

といったルール、縛りを設けるべきだった。

ところが、現実には「認定されたにもかかわらず、発電事業をなかなか開始しない」アンフェアな「賢い手法」を防ぐすべはない。経産省は今頃になって慌てふためき、発電計

画の実態調査に乗り出す有り様だ。

おそらく、ＦＩＴに投資している事業家、投資家たちは、将来的に太陽光発電の買い取り価格が下がっていくことは覚悟しているだろう。

とはいえ、経産省やエネ庁は、ＦＩＴの買い取り価格決定時期について、発電事業開始時点ではなく「認定時点」という奇妙な法律を作ってしまった。

13年9月の時点では、依然として13年3月末までの設備認定量が公開されていないが、業界紙によると、年度末に経産省への設備認定と電力会社への駆け込み申請が殺到したとのことである。

買い取り価格の適用時期が書類申請時点で決まることが、いわゆる「駆け込み申請」を生んでいるのだ。

買い取ってもらう側が決めた法外な電力価格

もう一つ。日本の当初の太陽光の買い取り価格は42円と、ＦＩＴで先行するドイツの2倍以上だった。なぜ、ＦＩＴ導入時、42円という他国に比して高い買い取り価格が適用されたのか。

ＦＩＴの固定買い取り価格を決めているのは、経済産業省の「調達価格等算定委員会」である。ＦＩＴ導入時、調達価格等算定委員会は「なぜか」民間の太陽光発電協会やソフトバンクの孫正義《そんまさよし》社長の「要望」をそのまま受け入れた。

ＦＩＴの買い取り価格決定時、太陽光発電協会は調達価格等算定委員会の意見聴取に対し、「1キロワット時当たり税抜きで42円」と要望を述べた。

また、当初からＦＩＴ事業参入を表明していたソフトバンクの孫正義社長も「最低でも税抜き40円」と主張していたのである。

安価な中国製の太陽光パネルの普及により、太陽光発電の買い取り価格はもっと安くても構わないという声があったが、調達価格等算定委員会は太陽光発電協会や孫氏の意見をそのまま受け入れた。

結果的に、**われわれ一般の日本国民は、ドイツの2倍以上の買い取り価格を太陽光発電事業者に対して支払わされている。**

要するに、42円というドイツの2倍以上の買い取り価格を決定したのは、経産省でもなければ、調達価格等算定委員会でもないのだ。民間の太陽光発電協会や孫正義氏なのである。電気を「買い取ってもらう側」が、価格を決定したというにわかには信じがたい話だ。

信じがたい話は、もう一つある。ＦＩＴ導入時、買い取り価格を決定する調達価格等算定委員会の委員長は、京大教授の植田《うえだ》和弘《かずひろ》氏だった。その植田氏が今、何をやっているかと言えば……。

13年8月1日、植田氏は孫正義氏が設立者、会長を務める『公益財団法人　自然エネルギー財団（ＪＲＥＦ）』の理事に、めでたく就任された。

これほど露骨な「癒着」「既得権益」であるにもかかわらず、なぜか国内のメディアはどこも批判しようとしない。

構造改革主義者たちは、結局はビジネスになれば何でもいいのだろうし、左翼は「反原発主義」であるため、再生可能エネルギー関連に批判の声を上げることはない。というわけで、構造改革主義者でも左翼でもない筆者が先陣に立ち、ＦＩＴ批判の声を上げさせてもらったわけだ。

電力サービスに自由化はなじまない

電力を自由化すると電力料金は値上がりする

臨時国会が開会した２０１３年10月15日、安倍内閣は「電力システム改革」の実施時期を明記した電気事業法改正案を閣議決定した。

改正案には、電力小売り全面自由化や発送電分離について、それぞれ平成28年度、平成30〜32年度をめどに実施と、具体的な時期が盛り込まれている。

経済産業省は「大手電力会社が地域独占を続けている電力事業に競争原理を導入し、電気料金の抑制につなげる」と、電力システム改革について説明しているが、率直に言って「詭弁《きべん》」にすぎない。

なにしろ、日本以外の主要国で電力自由化を推し進め、電気料金が値下がりしたという事例は一つもないのだ。

〝そもそも論〟を書いておくと、電力自由化や発送電分離が「善」になるのは、日本の電

主要国の自由化後の電気料金推移

	自由化開始年	家庭用電気料金上昇率	産業用電気料金上昇率
ドイツ	1998年	53%	15%
フランス	2000年	7%	20%
スペイン	1997年	18%	70%
イタリア	1999年	40%	125%
ノルウェー	2001年	110%	120%
イギリス	1990年	69%	48%
米　国	1996年	31%	24%
（ニューヨーク州）	1998年	50%	27%
（カリフォルニア州）	1998年	33%	51%
（ペンシルベニア州）	1999年	27%	32%
（フロリダ州）	自由化未実施	27%	48%
日　本	1995年	−24%	−29%

出典：経済産業省「平成24年度電源立地推進調整等事業（諸外国における電力自由化等による電気料金への影響調査）報告書」

力サービスの品質が悪く、停電が頻発《ひんぱつ》し、電気料金が高いにもかかわらず、電力会社が非効率な経営を続け、品質は改善せず、料金も高止まりしている場合のみである。

現実の日本は、と言えば、電力サービスの品質は極めて高く、東日本大震災までは世界屈指の「低停電率」を誇っていた。しかも、震災前は電気料金が値下がりし続けていたのだ。

電力自由化にせよ、発送電分離にせよ、規制緩和の目的は「競争を激化させることで、サービス料金を引き下げる」ことにある。

現在の日本の電気料金は確かに値上がり傾向だが、理由は単に原発を動かしていないためである。

電気料金を引き下げたいならば、耐震化、津波対策が終わった原発から速やかに再稼働すれば済む話だ。

それにもかかわらず、なぜに現時点で電力自由化やら発送電分離やら、「革命」的な大改革に踏み出さなければならないのだろうか。

さらに言えば、電力自由化や発送電分離を実施し、電力サービスの品質向上と料金引き下げに成功した国が、一つでもあるというのか？　あるというならば、どの国なのか教えてほしい。

というよりも、信じがたいことに、**過去に電力自由化や発送電分離を行なった国々において、実際には電気料金が値上がりしていることを「経済産業省」自身が認めているのだ。**

13年3月に経済産業省がリリースした報告書「平成24年度電源立地推進調整等事業（諸外国における電力自由化等による電気料金への影響調査）」には、驚くべき事実が記載されている。

前ページの図は、燃料費を除く電気料金を比較したものだが、燃料費を含んだケースでも同じだ。皮肉なことに、電力自由化後に電力料金が下がったのは、ろくに「自由化」を進めていないわが国だけである。他の国は、軒並み電気料金が値上がりしている、と電力自由化の旗を振っているのだ。

安倍政権や経済産業省は、いったい何を考えているのだろうか。経済産業省が掲げるお題目のとおり、電気料金引き下げが自由化や発送電分離の狙いだとすると、「諸外国は日本を除き、すべて自由化後に電気料金が上昇している」「日本の電気料金が上昇傾向にあるのは、原発を停止しているため」の二点から、完全に「間違っている」という話になる。

しかも、強引に電力自由化を推進し、発送電分離を実施した場合、電力サービスの品質は劣化する可能性が高い。

たとえば、送電網を持つ電力会社がコスト削減に乗り出し、安全面への投資を怠った結果、停電が頻発する事態になりかねないのだ（アメリカの一部の州は実際になっている）。

公共サービスを狙うレント・シーカーの思惑

そもそも、ユニバーサルサービス（全ユーザーに分け隔てなく、安定した品質でサービスを提供する）を義務付けられている電力サービスに、自由化の思想はなじまない。

果たして、自由化後のユニバーサルサービスの責任は「誰」が担うことになるのだろうか。送電会社だろうか。

その場合、発電会社側が燃料費上昇などの理由で電気料金を引き上げたとき、送電会社はコストを吸収するために、メンテナンス投資を削減し、大規模停電などのトラブルを引き起こすか、もしくはユニバーサルサービスの供給が不可能になるだろう。

そんなことは、他国の事例を調べれば誰でもわかる話のはずなのだが、がむしゃらに電力自由化を推進する。

なぜなのだろうか。

要するに、安倍政権は「異業種」あるいは「外資」に、日本の電力サービスから「レント（超過利潤）」を提供したいという話なのではないか。

そういえば、ＴＰＰには「電気通信」「競争条件」「投資」といった検討項目がある。日本がＴＰＰに参加し、外資の電力サービスへの参入も自由化され、わが国の発電事業が「外資系企業」中心になる可能性も否定できない。

もちろん、国内企業、国内投資家のレント・シーキングも問題だが、外資となるとまさに「最悪」だ。

われわれ日本国民は、不安定な電力サービスについて「高い価格」で購入を強いられ、外国に所得を貢《みつ》ぎ続けることになる。

しかも、電力の場合は「この送電会社はダメだから、別の送電会社から購入」などと、消費者側に選択肢があるわけではない。**消費者側に選択肢がない公共サービスこそが、政治力を使って超過利潤を追い求める「レント・シーカー」たちにとって、もっともおいしい市場なのだ。**

現在の安倍政権が推進しようとしている政策の多くは、「瑞穂の国の資本主義」を目指す道ではなく、単にレント・シーキングの機会を増やすための制度改革にすぎない。

そうではないというならば、「なぜ、今の時点で電力自由化や発送電分離に乗り出すのか？」を、論理的に説明する必要があるはずだ。

脱原発をめぐる政治的プロパガンダ

都政とは無関係な脱原発派の公約

東京都知事選挙が２０１４年２月23日に告示され、翌３月９日に投開票された。

筆者が唖然《あぜん》としてしまったのは、なんと都知事選出馬を表明した中に、「脱原発」をメインの公約に掲げると宣言した人物が２人もいたことだ。

東京都は確かに東京電力の株主ではあるわけだが、株式保有比率は１・２％にすぎない。東電は原子力損害賠償支援機構に株式の54・７％を保有されており、東京都の知事が東電に対し「脱原発せよ！」などと叫んだところで、実現できるはずがない。

そもそも「脱原発」云々は、東京都政ではなく国家のエネルギー安全保障の問題だ。国政選挙、あるいは（せめて）原発が立地する地方の首長選挙のテーマであるべきで、原発を持たない東京都知事に就任したとしても、目標は達成できない。別に、原発は東京都の管轄下にあるわけではないのだ。

それにもかかわらず「脱原発」をメインで打ち出している以上、都政とは無関係な政治的意図があるとしか考えられない。単に、都知事選を「利用」して、都政とは無関係な脱原発という自らの政治的主張を広めたいだけに思える。

あえて書くが、邪《よこしま》（ねじ曲がって正しくない）だ。山本太郎参議院議員が、２０１３年10月31日の園遊会において、いきなり今上《きんじょう》陛下に原発廃止を求める書簡を手渡した行為と同じ構図なのだ。

もっとも、日本には「政治的な自由」「言論の自由」がある。一万歩譲り、東京都知事選挙で「脱原発」を訴えることを認めたとしても、その場合は次の四つの点について説明してもらわなければならない。

（1）原発を再稼働させず、いかなる電力源でわが国のエネルギー供給を賄うのか（短期の話ではなく、中長期的な話だ）。再生可能エネルギーで原発の代替をするのは不可能である。たとえば、太陽光の場合、原発一基分の電力を発電するためには、山手線の内側の広さにパネルを敷き詰める必要がある。しかも、夜は発電できない。太陽光にせよ、風力にせよ、「安定的に」電力を供給することはできないのだ。蓄電技術のブレイクスルー（進歩）がないかぎり、再生可能エネルギーがわが国の電力供給の主役になる日はやって来ない。
（2）原発を再稼働させないため、わが国の所得（GDP）が兆円単位で中東の天然ガス産出国（カタールなど）に渡っており、貿易赤字の主因になっている。この問題についてはどのように対処するつもりなのか（放置するのか？）。
（3）わが国に存在する使用済み核燃料（およそ2万トン）をどうするのか。再処理せず、最終処分するとなると、半減期が長い（2万年！）プルトニウムを含んだまま地層処分せざるを得ないことになるが、本当にそれで構わないのか（しかも、量は再処理をする場合の3倍だ）。
（4）エネルギー安全保障を考えたとき、エネルギー供給源の「多様化」が必要である。原発を動かさないとして、わが国のエネルギーミックスをどうバランスさせるつもりなのか（現在は、天然ガスに偏りつつある）。
前記のとおり、脱原発をめぐるイシューは、完全に「日本国家全体」の政策にかかわっている。東京都知事に決めることはできないし、決められても困る。

「脱原発は、やる気になれば、達成できる！」というのでは、「政治主導！」と叫んで政権を取り、単に日本の政治を混乱に陥れただけだった民主党と同じオチになるのが目に見えている。

政治主導も、脱原発も（やるべきかどうかは置いておいて）、スローガンを叫べば達成できるほど甘いものではない。特に、脱原発という政策を掲げるのであれば、「脱原発という目標達成までの科学的プロセス、技術的プロセス」を説明してもらう必要があるわけだ。

注力すべきは東京の強靭化

そもそも、現在の日本、現在の東京は、脱原発といった政治的お遊びをしていられるほど甘い状況ではない。なにしろ、首都直下型地震の30年以内の発生確率が70％、「東京五輪前」であっても30％の発生確率と推定されている。

どう考えても、**原発関連の問題よりも、首都直下型地震の脅威のほうが「国の存亡にかかわる危機」である。**すなわち、現在の日本国民（特に都民）は「脱原発」といった政治的ゲームに興じるのではなく、「東京の強靭化」に注力しなければならない状況なのだ。

東京の強靭化を推進しなければならない理由は、大きく三つある。

（1）前述のとおり、迫りくる首都直下型地震に対する耐震化、防災、減災等が求められている。
（2）東京のインフラは、主に前回の東京五輪（1964年）時に整備された。インフラの寿命はおおよそ50年。1964年の50年後とは2014年。今、東京のインフラを大々的にメンテナンスしなければならない。
（3）2020年東京五輪に向けたインフラ整備が必須である。

おわかりだろうが、（1）～（3）は両立が可能だ。

都民の安全保障の強化に加え、五輪開催の準備という意味でも、現在の東京は「強靭化対策」が求められているのだ。

こういうことは、無論、東京のみならず「国家全体」として取り組まなければならない、やり遂げなければならないプロジェクトになる。そもそも「首都」直下型地震の脅威が迫っているわけで、霞が関や永田町も他人事ではないのだ。

さらに、東京に限らず、

「自然災害対策」

「老朽インフラのメンテナンス」

「東京五輪開催」

はすべて、日本国民が「日本国家としてどうするのか？」を考えなければ答えが見つからない政策課題だ。

そして、戦後の多くの日本国民は、冷戦のぬるま湯の中で「国家」について考えることを放棄してきた。

東京都民が戦後の「平和ボケ」に引きずられ、「脱原発」を公約に掲げた人物を都知事に選び、首都直下型地震に対する備えを怠り、実際に大震災が発生し、非常事態への対処も的確にできず、「行政の無能」により大勢の都民が亡くなり、東京五輪の開催も不可能になるなどという結末になった日には、これはもはや悲劇というよりは「民主主義がもたらした喜劇」と呼ぶべき事態だった。

要は、都知事選において脱原発の争点化を認めてはならなかったわけである。

国の安全保障はビジネスより優先される

中国の防空識別圏に対するJALとANAの平和ボケ

2013年11月23日、中国が尖閣《せんかく》諸島上空、つまりは石垣《いしがき》市の上空を防空識別圏に設定し、それを公表した。

防空識別圏とは、国際法で定められた「領海」「領空」とは違う。特定の国が防空上の理由から、自国の空域に設定するものであり「領空」ではない。

中国側が防空識別圏を拡大したとしても、日本の航空機が同空域を飛ぶ際に、中国当局に飛行計画を提出する必要などまったくない。とはいえ、中国側は新たに設定した防空識別圏を飛ぶ航空機に対し、飛行計画を提出するべし、と息巻いている。

尖閣諸島をめぐる日中問題（尖閣諸島は領土問題ではない）は、再び一歩、危機深刻化の方向に歩みを進めたことになる。進めたのはもちろん中国側であり、日本側ではない。

中国国防省が出した公告では、識別圏内を飛ぶ各国の航空機に対し（多くが日本の航空

機であろう）、中国国防省の指令に従うこと、さらには飛行計画の提出を求めている。従わない航空機に対しては、

「防御的緊急措置を講じる」

つまりは、スクランブルをかけると宣言したわけだから、尋常ではない。

これで日本側が臆《おく》してしまい、中国側の要求に従ってしまうと、

「おわかりだろう。釣魚島《ちょうぎょとう》（日本名は魚釣島《うおつりじま》〈尖閣諸島〉）はわが国の領土である。日本が文句を言うならば、領土問題として話し合おう」

と、やってくるわけだ。結果的に、尖閣諸島問題はめでたく「領土問題」に格上げされてしまうという筋書きである。

というわけで、日本の航空会社の対応に注目していたが、素直に飛行計画を中国航空当局に提出していたわけだから、あまりの平和ボケに慄然《りつぜん》としてしまった。

ＪＡＬ（日本航空）やＡＮＡ（全日本空輸）は「国から明確な指示がなく、乗客の安全が第一だ」と、12月24日以降に中国当局へ飛行計画を提出したのである。

これに対し、菅義偉《すがよしひで》官房長官が26日午前に記者会見し、「25日に国土交通省から航空会社に対して、中国側の措置はわが国に対して何ら効力を有するものではなく、これまでの

ルールどおりの運用を行なっていくという政府の方針を伝えている」と、発言。最終的には、飛行計画提出は「中止」ということになった。

JALやANAは、中国航空当局に飛行計画を提出することで、日本の領空である尖閣諸島上空について、中国の施政権を認める形になってしまうことに考えが及ばなかったのだろうか。

日本の航空会社が尖閣上空で中国当局の指示に従うとは、すなわち中国が同空域を実効支配していると認めることになりかねないのだ。

本件はいろいろと疑問があるのだが、13年11月23日という「土曜日」に中国が防空識別圏設定を公表した。

中国の発表を受け、JALやANAなどが飛行計画を提出したわけだが、この時点で管轄官庁である国交省との連携はどうなっていたのだろうか。

あるいは、JALやANAはいかなるプロセスで飛行計画提出を決めたのか。菅官房長官は「25日に国土交通省から航空会社に対して……」と語っているため、23日（土）、24日（日）の時点では日本政府側から何の指示もなかったように思える。

そうだとすると、なぜなのか。単に、土、日で官公庁が休みだったためなのだろうか。

本当にそうであるならば、かなり怖い話だ。日本の航空会社上層部や、国交省官僚は「安全保障に対する認識が薄い」と批判されても仕方があるまい。

これが正しいとなると、「独自で飛行計画提出を決めた」航空サービス会社側も、飛行計画提出中止の指示が遅れた国交省や政府側も、双方に問題があるように思える。

いずれにせよ、現代の日本においては、すでに企業（特にグローバルにビジネスを展開する企業）すらも「国家安全保障」、英語で言うナショナル・セキュリティーを頭に叩き込む必要があるのだ。

安全保障を考慮したビジネス展開をすべき

本来は、企業であっても常に国家安全保障を考慮してビジネスを展開しなければならないはずなのだが、わが国は戦後から冷戦期にかけ（今もだが）、セキュリティーをアメリカに依存し、自国で安全保障を考えることを放棄してきた。その「ツケ」が、今、一気に噴き出しているように思える。

ちなみに、中国の防空識別圏設定を受け、アメリカや韓国などの航空会社は、中国側の飛行計画提出指示を無視した。ＪＡＬやＡＮＡが中国の飛行計画提出要求を受けた際に、「本問題は、日本国の安全保障と密接にかかわってくる」

という認識はあったのだろうか。あったと信じたいところだが、以下の両社の広報のコメントを見ると、そうとは思えない。

「ノータムが発出された以上、それに従わざるを得ないと考えている。防空識別圏に関しては各国が独自に設定しており、運航者としては、公示されればそれに従った運航とせざるを得ない。通常の各国のノータムと同様、運航者の判断で対応することとしている」

（ＪＡＬ広報部）

「各国の航空当局が出すノータムは、日本に限らず全世界の航空会社が対象で、それに従うのが国際的なルール」（ＡＮＡ広報室）

ノータムとは、各国の航空当局が出す「航空情報」のことだ。ＪＡＬやＡＮＡは、「中国当局からノータムが発せられたため、国際的ルールに従って飛行計画を提出した」と、「防空識別圏設定」により飛行計画を提出したとは説明していない。

確かに、ルールとしてはＪＡＬやＡＮＡの対応は間違っていないのかも知れないが、「安全保障」は国際ルールを踏み越える問題だ。

尖閣諸島上空という「日本の領土」を飛行する「日本の航空会社」が、他国の要求に従って飛行計画を提出する。これが安全保障上、何を意味するかについて理解しているならば、日本の航空会社は飛行計画提出前に国交省なり、政府なりと協議をしたはずである。

あるいは、日本の航空会社が「ノータム」が発せられたことを受け、何も考えずに飛行計画を提出したとなると、なおさら怖い。

日本の航空会社はわが国の企業でありながら、「日本の国家安全保障」について一切念頭にないという話になってしまう。

日本の企業や国民は、時代が変わったことを認識しなければならない。もはや、安寧《あんねい》の時は過ぎ去り、**日本企業が「これまでどおり」ビジネスを続ける場合であっても、国家安全保障を意識しなければ、取り返しがつかない不都合が生じる可能性があるのだ。**

そして、「日本」企業が「日本国家」の安全保障を考えずに行動した場合、ツケを支払わされるのは当の日本企業を含めた「日本国民」である。

「グローバル企業」であっても、結局は国家安全保障と無関係にビジネスを展開することは不可能なのだ。

第5章

先進国の火種と世界の行方

埋め込まれた日米欧の火種

日本を襲う消費税増税の衝撃

２０１４年の年初、筆者は、日本を含む先進国が、自国に「埋め込まれた」火種が火を噴くことを「いかに回避するか」に苦心する一年になるだろうと推測した。日本に埋め込まれた火種とは、もちろん14年４月から実施された消費税増税だ。

１９９７年、橋本龍太郎政権は大蔵省（現、財務省）の官僚の「言いなり」になり、消費税増税を断行した（※消費税増税は村山政権期に内定していた）。

結果的に、わが国は本格的なデフレに突っ込み、名目ＧＤＰはマイナス成長に陥り、税収が減少するという最悪の結末をもたらしてしまう。

故人となられた橋本元首相は、97年の消費税増税について、２００１年の自民党総裁選挙時に以下のとおり語っている。

「振り返ると私が内閣総理大臣の職にありましたとき、財政の健全化を急ぐあまりに、財政再建のタイミングを早まったことが原因となって経済低迷をもたらしたことは、心からお詫びをいたします。そして、このしばらくの期間に、私の仲のよかった友人の中にも、自分の経営していた企業が倒れ、姿を見せてくれなくなった友人も出ました。予期しないリストラにあい、職を失った友人もあります。こうしたことを考えるとき、もっと多くの方々がそういう苦しみをしておられる。本当に心の中に痛みを感じます」

（２００１年４月13日）

安倍総理は将来、14年４月の消費税増税について、どのように振り返るのだろうか、という皮肉は置いておいて、消費税増税（厳密には「現時点の消費税増税」）が日本の国民経済に悪影響を与えることは、安倍政権も理解している。

だからこそ、安倍政権は13年12月に総額５・５兆円の経済対策を盛り込んだ補正予算を閣議決定したのだが、果たして金額的に十分だろうか。

わが国のＧＤＰにおける個人消費（民間最終消費支出）は３００兆円弱だ。消費税を３％上げると、７兆円から８兆円の負のインパクトを与える。５・５兆円の経済対策のみで、安倍政権は増税のダメージを「回避」することが可能なのか。増税の衝撃を消し飛ばすためには、より多額の補正予算が必要に思える。

「オバマケア」は大コケするのか

さて、アメリカであるが、２０１４年から本格的に始まったオバマケアの評判が悪く（システムトラブルが多発した）、さらに2月7日にはまたもや「連邦政府債務上限引き上げ問題」に直面することになった。

13年10月にアメリカ政府の一部を「閉鎖」状態に追い込んだ債務上限問題だが、民主党と共和党は今年2月までの引き上げで合意したにすぎない。

特に、オバマケアはオバマ政権の「目玉政策」であった。

日本国民の多くはオバマケアについて「アメリカが国民皆保険制度を導入した」と勘違いしているが、現実は異なる。オバマケアは、実際には政府がオンラインの医療保険取引所で「民間の医療保険サービス」を国民に売る、という話なのである。

政府は無保険者が医療保険取引所で保険を買った際に、税控除という形で費用を一部負担する（ただし、税控除を受けることができるのは、収入が連邦政府の定める「貧困レベル」と、その4倍の収入以下の人々のみだ）。

オバマケアは、開始直後のシステムトラブルに加え、オバマ大統領の「公約違反」が判明してしまい、国民の評判は散々だ。

オバマ大統領はオバマケア関連法案の成立前から、繰り返し、「加入中の医療保険が好みならば継続できる」と、説明してきたにもかかわらず、加入者が保険会社から、保険内容の見直しのタイミングで、大幅な値上げを伴う再契約通知を受ける事態が頻発しているのだ。

医療保険会社は旧来の契約内容を見直す際に、オバマケア成立後の新基準を適用する（旧基準の適用は違法になる）。

結果的に、多くのケースで保険料が上がってしまうことが明らかになったのである。およそ、１２００万の人々が「医療保険サービス費用の値上げ」に直面し、企業側の負担も増えることになる。

オバマケアは14年から完全実施され、アメリカ国民の保険加入率は現在の83％から、94％に上昇すると考えられている。とはいえ、オバマケアで保険料が上昇し、負担増を被《こうむ》る国民や企業が出てきてしまうわけだ。

目玉政策が「大コケ」し、連邦政府の債務上限引き上げ問題で再び政界が混乱するとなると、オバマ政権のレームダック化がさらに進行することになるだろう（しかも、アメリカは14年の秋に中間選挙を控えている）。

デフレの深刻化を食い止められないユーロ圏

もっとも、日本やアメリカが抱えている「火種」は、ユーロ圏に比べればまだまだ軽いと言える。

なにしろ、ユーロ圏はギリシャなどの一部の国が完全に「デフレ化」してしまっている。

ユーロスタットの最新データによると、２０１３年11月のギリシャのインフレ率（対前年同月比）は、なんとマイナス２・９％だ。ギリシャ以外にも、フランス、イタリア、スペイン、ポルトガル、アイルランドなどのインフレ率が１％を下回っており、マイナスに突入するのも時間の問題だろう。

経済がデフレ化している以上、ユーロ加盟国には金融政策と財政政策の拡大が求められている。すなわち、アベノミクス「第一の矢」「第二の矢」ばりに、政府が「通貨を発行し、借りて、雇用が生じるように使う」必要があるのだ。

ところが、ユーロ圏は「構造的」に、金融政策や財政政策の拡大が不可能である。厳密には「各国の勝手には不可能」なのであるが、ユーロ経済の盟主であるドイツは、物価上昇をもたらす金融政策や財政政策の拡大に真っ向から反対している。

ドイツ連邦銀行のバイトマン総裁は、２０１３年末にわざわざ、

「低金利は政治改革をリスクにさらす可能性がある。低インフレを緩和的な金融政策を正当化する口実に使うべきではない」

と発言し、最低限必要な金融政策の拡大すら明確に否定した。

金融政策、財政政策という手段を封じられた以上、ユーロ圏（ドイツを除く）のデフレ化は食い止めることができないだろう。

個人的には、デフレ化と失業率のさらなる上昇に耐えかねたギリシャが、２０１４年中に「将来的なユーロ離脱」を検討し始めるのではないかと推測している。

ロシアのウクライナ介入とガス紛争

ウクライナが原発推進する切実な理由

2014年2月22日にデモ隊が大統領府に突入し、ビクトル・ヤヌコビッチ大統領がロシアに亡命するという「クーデター」が発生したウクライナには、ご存じ「チェルノブイリ原子力発電所」がある。

厳密には「あった」と書くべきだろう。

現在、チェルノブイリ原発は廃炉にされ、周辺は緑の王国になっている。人が居住しないため、自然が復活しつつあるのだ。

さて、チェルノブイリ原発は「黒鉛減速沸騰《ふっとう》軽水圧力管型原子炉」という長い名前の原子力発電技術を採用していた。理由はよくわからないのだが、チェルノブイリ原発には格納容器がなかった。同じ黒鉛減速沸騰軽水圧力管型を採用していても、欧米の原発には格納容器がある。

チェルノブイリ原発に格納容器が存在しなかったため、メルトダウン（炉心溶融《ようゆう》）が発生し、爆発後に放射性物質が飛び散った。

ちなみに、福島第一原発の事故は、原発自体が緊急停止したのち、電源喪失で冷却が不可能になり、発生した水素が建屋内にたまり、天井を吹き飛ばした。原子炉や格納容器が爆発したわけではない。

さて、チェルノブイリ事故の現場（事故当時はウクライナ共和国ではなくソ連の一部）となったウクライナであるが、じつは原発推進国である。

現時点でも４カ所の発電所で10基以上の原発が稼働し、さらに２０３０年までに10基以上を増設する予定とのことだ。

なぜだろうか。

理由は、

「エネルギー自給率が50％程度と〝低い〟から」

とのことである。

エネルギー自給率が50％で〝低い〟とは、日本国民から見れば「何を贅沢《ぜいたく》なことを……」と言いたくなるかも知れない。なにしろ、わが国のエネルギー自給率は（原発が動いていない現在）5％に達していない。

もっとも、ウクライナが50％のエネルギー自給率を〝低い〟と考えることに、それなりの理由があるのも確かだ。

ウクライナはソ連時代から、ロシアからパイプラインを通って送られてくる安価な天然ガスにエネルギー供給を依存していた。結果、同国はロシアと度重なる「ガス紛争」を起こす状況になっている。

2008年にリーマン・ショックが発生し、世界的な金融危機がウクライナをも直撃した。対外債務の返済不能（いわゆるデフォルト）寸前に追い込まれた同国は、IMFに緊急支援を要請せざるを得なくなった。

同じ年、2008年の末、ウクライナはロシア産ガスの料金すら支払えなくなり、ロシア企業ガスプロム社（ロシアの事実上の国策ガス会社）が、

「滞納料金と罰金を支払わなければ、2009年1月1日にガスの供給を停止する」

と警告したのである。

ウクライナは2008年末までに、なんとか滞納料金を返済したのだが、罰金分の支払いの見込みが立たず、1月1日にガスの供給が止まった。

1月18日に、ようやくロシアのプーチン首相（当時）とウクライナのティモシェンコ首相（同）が合意に至り、ガスの供給が再開された。

とはいえ、ウクライナ側は09年のガス価格については20％のみの割引、２０１０年以降は欧州諸国と同じ価格を支払うことを呑《の》まされたのである（ウクライナは旧ソ連構成国の一つであるため、ロシア側は欧州諸国と比べ安価にガスを提供していた）。

ロシアはウクライナの経済、生活の基盤である「エネルギー」を一方的に売っている。逆側から見ると、ウクライナ側は「あのロシア」にエネルギー安全保障を依存していることになるわけだ。

一応、ウクライナも天然ガスは産出しているのだが、自給率は3割程度にすぎない。

しかも、**09年のガス紛争以降、ウクライナは一定量以上の天然ガスを、毎年、ロシアから買うことを義務付けられ、高いエネルギーコストは同国の政権のアキレス腱になり続けた。**

こうした事情を理解すると、ウクライナが50％のエネルギー自給率を「低い」と判断し、原発推進路線を進んでいる理由がわかると思う。

ウクライナの原発推進は、完全に「国家のエネルギー安全保障」の問題であり、そこにセンチメント（感傷）はまったくない。

EU内で問題となるガス供給のロシア依存

ついでながら、福島第一原発の事故の後、国内マスコミなどで「ドイツに倣《なら》って、日本も脱原発」といった論調がはやっていたが、現実のドイツは脱原発などしていない。**ドイツが２０１１年に脱原発を宣言したのは確かだが、現在も９基の原子力発電所が稼働中だ。**

今回のロシアのウクライナへの介入を見て、それでもドイツは呑気《のんき》に「脱原発」などとやっていられるだろうか。

実際、ドイツのエネルギー自給率も3割に満たない。残り7割は外国からの輸入であり、もちろんロシアからの天然ガスにもある程度依存している。

ドイツを含むEU全体で見ると、ガス輸入量の3割がロシア産だ。

ガス供給のロシア依存は、もちろんEU内で問題になっており、アゼルバイジャンからロシアを経由せずに欧州に向かうガスパイプラインが計画されていた。

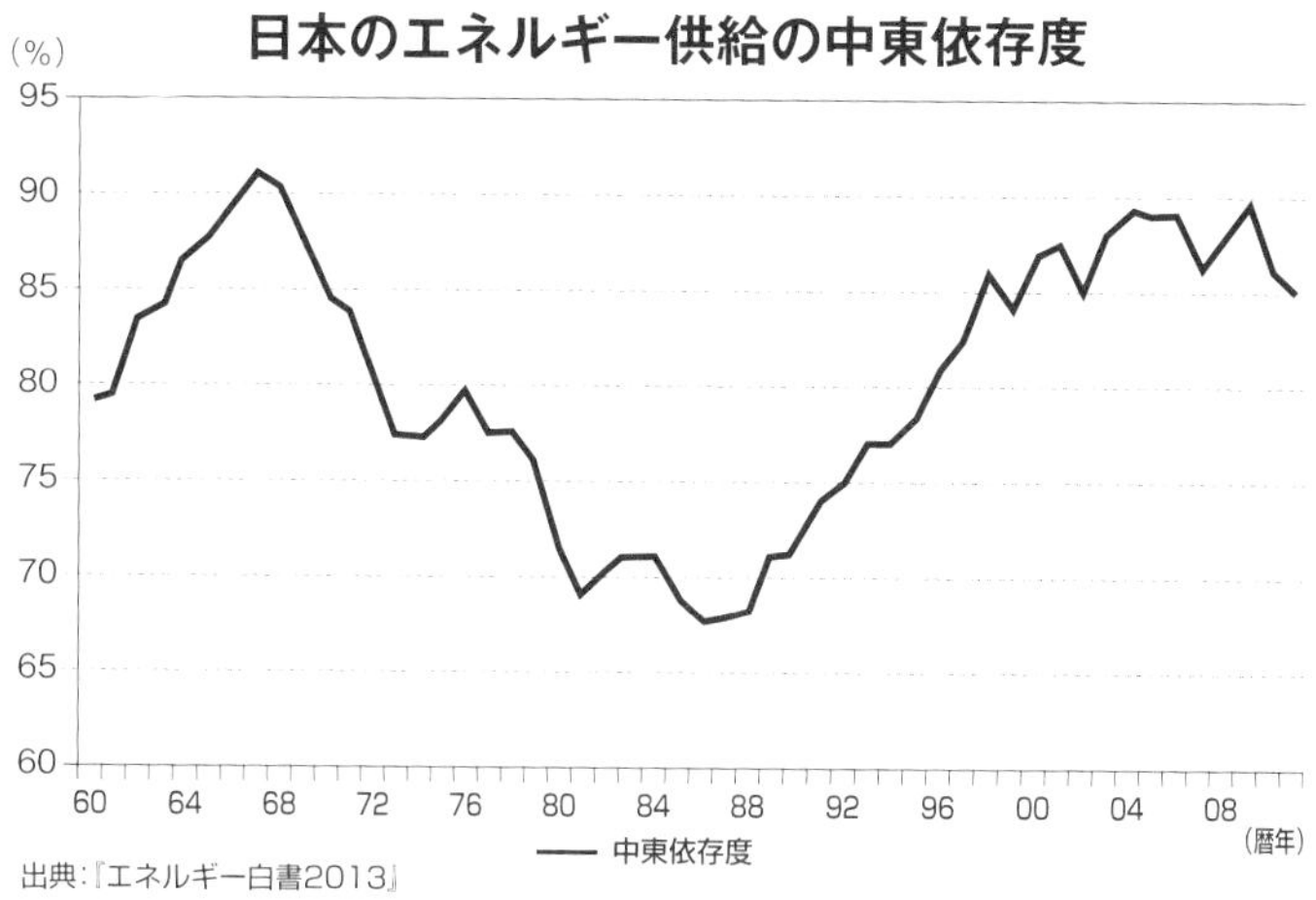

残念なことに、完成は２０１９年で、今回のウクライナ・クリミア紛争には間に合わなかった。

さて、わが国のエネルギー自給率は５％を下回り、一方で中東依存度が極端に高い。１９８０年代中盤に70％を切った中東依存度は、その後は上昇に転じ、再び90％に接近している。

中東から日本に向かう原油やＬＮＧ（液化天然ガス）を満載にしたタンカーの航行が止まると、途端にわが国は窮地に陥ることになる。

グローバル資本の餌食となったユーロ圏

正しいデフレ対策ができないギリシャ

ユーロ加盟国であるギリシャの失業率悪化はとどまるところを知らず、ついに27・9％と、28％目前に達した（2013年6月）。特に、若い世代の雇用環境が深刻で、若年層失業率は58・8％である。

ギリシャが雇用問題を解決するためには、アベノミクスばりに「金融政策」と「財政政策」のパッケージで、失業対策を実施するしかない。

金融政策と財政政策を同時に実施すると、インフレ率は上昇するが、現在のギリシャは日本以上に物価上昇率が低迷している状況にある。

日本がアベノミクス効果により、物価上昇率がなんとか「ゼロから上」に顔を出そうとしているのに対し、ギリシャは13年8月の時点でもマイナス幅を拡大している。ギリシャは、日本以上に深刻なデフレーションに苦しめられているのだ。

過去1年間のギリシャのインフレ率(CPIベース)の推移

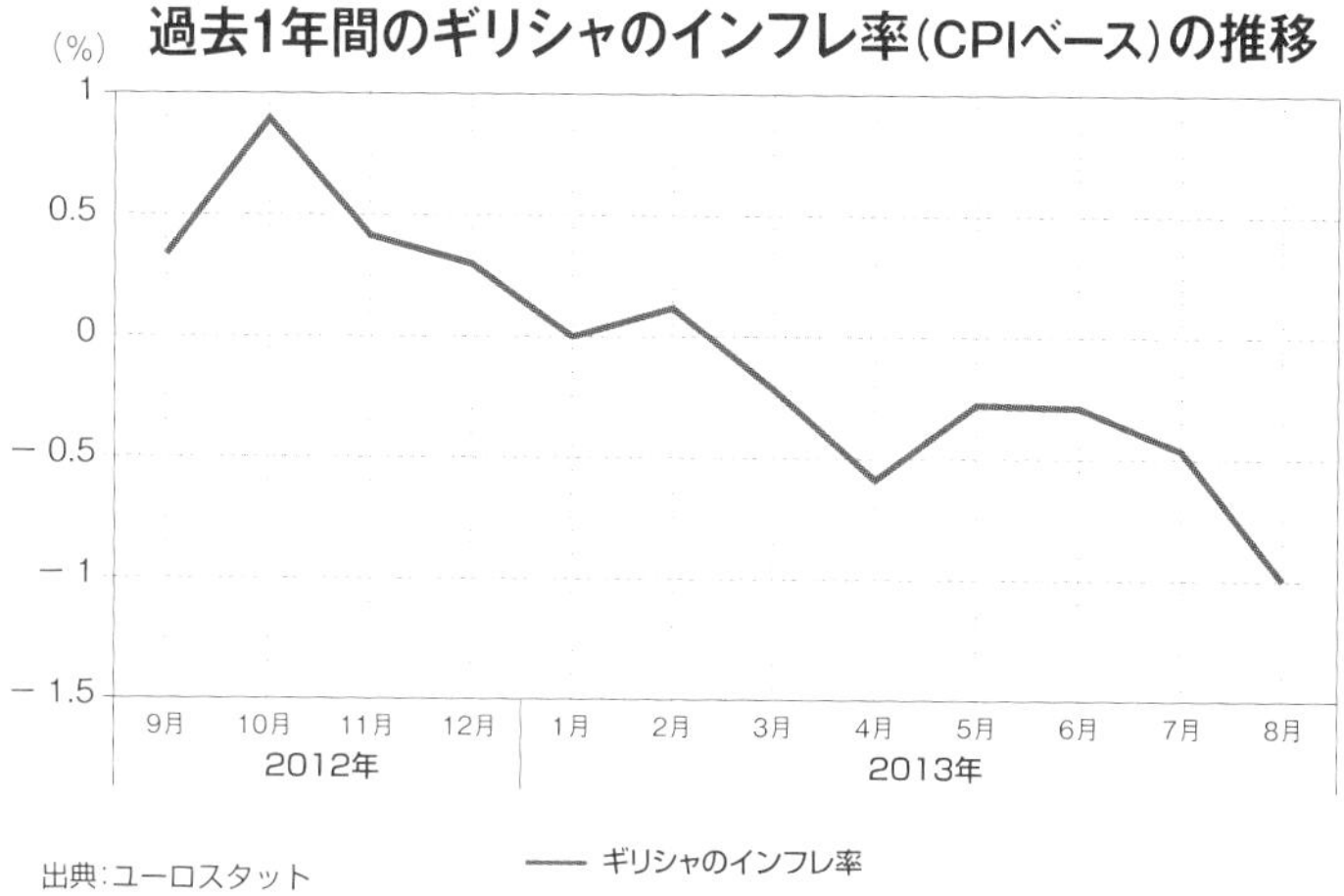

出典:ユーロスタット

もともと、国内のモノやサービスを生産する能力、つまりは供給能力が不足気味で、国民の需要を満たすことができず、高インフレや貿易赤字が常態化していたギリシャが「デフレ」なのである。

バブル崩壊後のギリシャ国内の需要の縮小たるや、恐るべきペースとしか言いようがない。

現在のギリシャが失業率を押し下げ、経済を成長路線に戻すためには、前述のように金融政策と財政政策のパッケージ以外にありえない。

すなわち、普通のデフレ対策をすればいいのだ。

ところが、ギリシャは「構造的」に正しい

デフレ対策を実施することが不可能になっている。

なにしろ、ギリシャ政府は独自の金融政策をとることができない。すべてのユーロ加盟国は、金融政策の権限をＥＣＢ（欧州中央銀行）に委譲している。さらに、ギリシャ政府は財政的な主権も奪われつつある。ＥＵやＩＭＦから緊急融資を受けた代償として、公務員削減などの緊縮財政を強要されているのだ。ゆえに、**現在のギリシャには金融政策、財政政策の主権はない**。

金融、財政という二大主権を喪失している以上、ギリシャ政府の雇用対策は限定されざるを得ない。

結果的に、国民は貧しくなり、政府の目的である「経世済民」がまったく達成できていない。

なぜ、このような事態になったのか。というよりも、ユーロを「設計」した人たちは、現在のギリシャのように出口のない状況に追い込まれる国が出現することを、事前に予見しなかったのか。

じつは、予見していた、というのが正解のようなのである。

２０１２年６月26日、イギリスの大手紙ザ・ガーディアンズのグレッグ・パラスト記者が「Robert Mundell, evil genius of the euro（ロバート・マンデル、ユーロの邪悪なる天才）」というタイトルで、共通通貨ユーロの「設計者」であるマンデル教授（元シカゴ大学、現コロンビア大学）の「構想」をすっぱ抜いた。

ロバート・マンデル教授とは、新古典派経済学の権威で、金融緩和論者が好む「マンデル・フレミング・モデル」の生みの親でもある。

パラスト記者が直接マンデル教授から聞いた話として、ユーロとはそもそも「危機の時に真価を発揮する」システムとして設計したとのことである。

何の話かといえば、**為替レートに対する政府の干渉を排除することで、不況期に「ケインズ的な金融、財政政策」をとりたがる厄介《やっかい》な政治家を「妨害」することができる、という話なのだ。**

「政治家の手が届かないところに、金融政策を置く。金融政策と財政政策が使えないとなると、雇用を維持する唯一の解は、競争力を高めるために規制を緩和することのみである」

と、マンデル教授は語った。

自国の主権を行使できないユーロ加盟国

経済危機に陥ったにもかかわらず、民主主義により選ばれた政治家がケインズ的（あるいはアベノミクス的）な政策を打てないとなると、マンデル教授の発言どおり、政府は「規制緩和」を推進するしかない。

規制緩和や公共サービスの民営化が断行されれば、もともとは無関係だったグローバル資本の「ビジネス」が生まれる。

ユーロの加盟国が危機に陥り、手足を縛られた政府が規制緩和、民営化をすることで、「所得上位層1％」のグローバル投資家の所得が拡大するわけだ。「お見事！」としか言いようがないシステムである。

マンデル教授はパラスト記者に対し、ユーロというシステムを構築することで「民主主義が市場価格に干渉することは、許されなくなる」とも語っている。

当たり前だが、金融政策にしても財政政策にしても、国家の主権の一部である。現在のユーロ加盟国は、民主主義により選出された政治家ですら、自国の主権を行使できなくなっているのだ。

現在のギリシャ政府は、ユーロに加盟した結果、危機に直面してすら、金融政策も財政政策も打てない。結果的に、実際にギリシャ政府は公共サービスの民営化や、国有財産の売却を進めている。

通常では「あり得ない破格な価格」で公共サービスや国有財産を購入できるわけで、今のギリシャはユーロ圏のグローバル資本にとっては、じつにおいしい市場となっているのだ。

元来、新古典派経済学やグローバリズムは、「民主主義」を嫌悪していた。民主主義は彼らが愛する「市場」を歪《ゆが》めてしまうためである。

結果的に、マンデル教授を代表とする経済学者たちが「机上」で考案し、「政治」を排除する形で設計した共通通貨のシステムこそが「ユーロ」なのである。ユーロ圏３億２６００万人の人たちは、経済学、経済学者らによる「社会実験」に放り込まれた、という話だ。

信じがたいかも知れないが、これがユーロの現実である。

超高失業率を改善できない欧州中央銀行

ユーロは「日本がたどってはならない道」を示している

信じがたいことに、欧州中央銀行（以下、ＥＣＢ）は２０１２年末以降、マネタリーベースを大きく減らしている。

すなわち、金融引き締めをやっていたわけである。

13年末の時点で、ユーロは対ドルで久方ぶりの高値を付けているが、当然だ。これだけマネタリーベースの増減に差が出ていれば、ドル→ユーロの両替が増えるだろう。

よくわからないのは、ＥＣＢの現在のユーロの雇用環境の悪化に対する考え方である。

ユーロ圏全体の失業率が12・2％と、統計史上最悪。ギリシャ、スペインの失業率が25％を上回っており、さらにイタリアというユーロ圏第３位の経済規模を持つ国の失業率が12・５％。第２位のフランスにしても、11・１％。現在のユーロ圏は、金融引き締めをする環境とは思えない。

日本、アメリカ、ユーロ圏のマネタリーベースの推移（2008年1月=1）

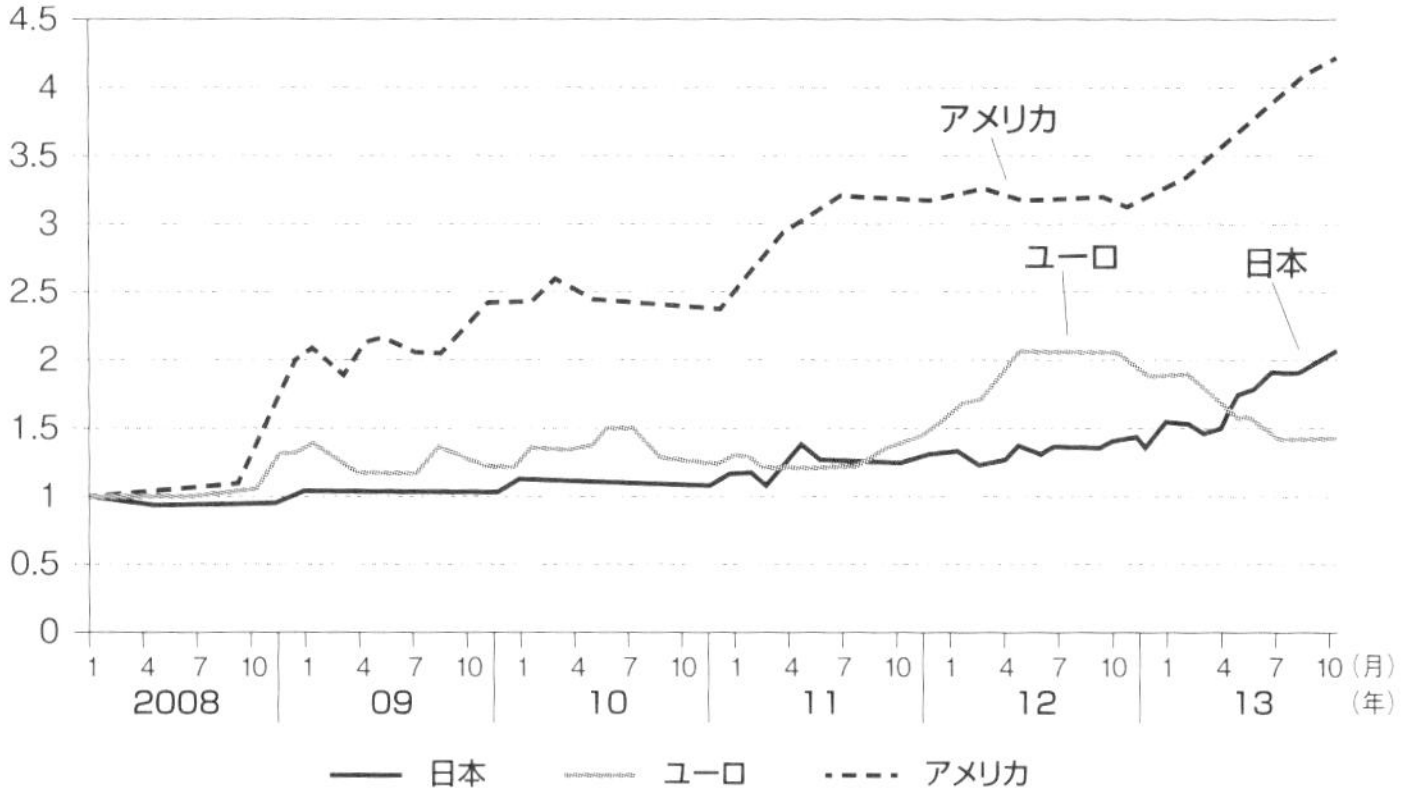

出典：日本銀行、FRB、ECB

今のＥＣＢは、まるで昔の日本銀行を思い起こさせる。

インフレ率のほうを見ると、対前年比（13年9月時点）でギリシャが1％、スペイン0・5％、イタリア0・9％、フランス1％、ポルトガル0・3％、アイルランド0％、ドイツが1・6％。

どう考えても「インフレ抑制」を目指すべき局面には思えないわけだが、ＥＣＢは12年末から13年の春にかけ、マネタリーベースの削減を始めた。

しかも、ＥＣＢが金融引き締めをしていたユーロ圏において、株式市場が5年ぶりの高値を付けるという、意味不明な状況が起きている。

13年11月4日の欧州株式市場は大きく反発し、5年ぶりの高値で引けたのである。失業率が史上最悪（ドイツを除く）を更新し続け、欧州中央銀行（ECB）が金融引き締めをしているなか、株価が史上最高値を更新。いったい、何が起きているのか。

欧州株式市場の史上最高値更新を報じる記事では、ECBがハト派的なシグナルを出す（＝金融緩和に舵を切る）との見通しが相場を支えているとなっているが、そうなのだろうか。あるいは、それだけなのだろうか。

アメリカの量的緩和が継続する中において「ドル安ユーロ高」が発生し、しかも欧州の株式市場が上昇している。

つまりは、単にFRBが発行した「ジャブジャブ」のドルがユーロに両替され、欧州株式市場に流れ込んでいるにすぎないのではないか。

これが真実だとすると、**アメリカが2014年中にでも量的緩和を終了した途端に、ドルキャリーの巻き戻しが起き、通貨ユーロと欧州株が暴落する可能性があることになる。**

ユーロ関連の金融商品に投資をしている方は、十分に注意するべきだ。

ところで今後、各国のデフレ化を受け、ECBが金融緩和に再び舵を切り、ユーロを市場に供給していったとして、果たしてユーロ加盟国の失業率は改善するだろうか。

株価は間違いなく上昇すると思うが、実体経済において雇用は生まれるのか。特に、ユーロ加盟国は「共通通貨ユーロの呪い」により、財政出動が打てない状況にある。

しかも、シェンゲン協定で人間の移動が自由化されているため、失業率が高騰している国が公共投資を打ったとしても、外国人労働者に雇用を奪われてしまう可能性もある。

いろいろな意味で、今後のユーロは「日本がたどってはならない道」を先行してくれているように思える。

高失業率の改善策は「直接的な雇用創出」しかない

結局は、バブル崩壊後に雇用を速やかに改善させるためには、金融緩和と財政出動を組み合わせる必要があることを、ＥＣＢは世界に示す結果になるのではないか。つまりは、**財政出動を封じられた状況で金融緩和のみを拡大しても、失業率の上昇を止められないという話である。**

財政出動という「直接的な雇用創出」を封じられた状況で金融緩和を拡大しても、「金融経済」と「実体経済」の乖離《かいり》が拡大するだけの結果に終わるだろう。

なにしろ、「金融経済」の内部をお金が巡り、トレーダーなどの所得が増大したとしても、創出される雇用はあくまで「一人」である。中央銀行が金融緩和の一貫として供給した通貨を、政府が消費もしくは投資（公共投資）として使えば、間違いなく「桁違い」の雇用が創出されるはずなのだが。

アメリカのノーベル経済学者であるポール・クルーグマン教授の新著『そして日本経済が世界の希望になる（ＰＨＰ新書）』に、興味深い一節があったので紹介しよう。

〈十五年前に比べ、私は日本やそれ以外の国からさまざまな事実を学んだ。自国の通貨で借り入れをする国は手綱《たづな》が緩く、借金のレベルが高くても、公債についてはそれほど悩む必要はない。

財政拡大の恩恵とリスクについて、かつてに比べれば私の考え方は大きく変化した。いまではその積極的な拡大を行なう必要がある、と確信している。

問題は危機に直面したとき、リアルタイムでいかなる政策手段が必要か、ということだ。財政政策がより有効な解決策である、というのがその答えである。この点については私も、コロンビア大学のマイケル・ウッドフォードも同じ意見だ。

「流動性の罠《わな》」への対処策として、金融政策が人びとの期待を変えることに依存する、という点に比べ、財政出動の長所は、それが人びとの期待を変えなくてもよい、ということだ。人びとが（当局の）約束を信じようと、信じまいと、景気を拡張させる効果がある。目の前の橋をつくることによって、現実の雇用が生まれるからだ。（P39）〉

ＥＣＢが金融緩和に転じても、現実問題としてお金が「所得創出」、あるいは「雇用創出」に向かわない可能性は存在する。だからこそ、政府がお金を「借りて、使う」必要があるわけだが、ユーロ加盟国はすでに金融主権はもちろんのこと、財政出動の主権も喪失しつつあるのが現状だ。

結果的に、ＥＣＢがどれだけユーロを発行しても、現在の驚異的な高失業率を改善することは困難である。

現在の日本の問題、すなわち国土強靭化を含む「財政出動」の問題が、じつは「世界の問題」であることがおわかりいただけると思う。

デフレ脱却に向かう日本、デフレ化する米英欧

日米英欧の実体経済は好調とは言えない

2013年12月1日、同年のノーベル経済学賞を受賞したロバート・シラー教授（S&Pケース・シラー指数で有名）は、独週刊誌『シュピーゲル』において、アメリカ株式市場やブラジル不動産市場などの価格高騰に懸念を示した。

シラー氏は、

「まだ警鐘を鳴らす段階にはないものの、多くの国の株式市場は高値にあり、一部の不動産市場では急激に価格が上がっている。これはまずい結果を招きかねない」

と述べた。

また13年12月5日、PIMCO（米パシフィック・インベストメント・マネジメント）のビル・グロース氏は、主要国（特にアメリカ）で実施されている「前例のない規模」の金融緩和により、株式や債券価格が本来の水準を超えて押し上げられているとの見方を示した。

さらに、同年12月6日には、来日中だったフランス政治経済学会のアンドレ・オルレアン会長が産経新聞のインタビューに応じ、中央銀行が国内銀行から国債を買い取り、通貨を大量に発行する量的緩和政策について、「リーマン・ショック後の衝撃を和らげた」と評価したものの、「経済成長を促す点で疑問がある」と述べた。

理由は、

「量的緩和で増発されるマネーは金融市場の内部にとどまり、投機に向かう力を増幅させ、新たな金融危機を起こし、実体経済にとっては逆効果になりかねない」

とのことである。

13年末の時点で、アメリカ、ユーロ圏、イギリス、日本などの主要国で株価が軒並み上昇している。ＮＹダウは歴史上初めて、終値が1万6０００ドルを超えた。イギリスの株価指数ＦＴＳＥは6６００ポイントを超え、史上最高値に迫っている。ユーロストックス50指数は13年10月に３０５０ポイントを上回り、史上最高値を更新した。そして、日本の日経平均も再び上昇を開始し、一時は1万6０００円台に迫った。

注意すべきは、日米英欧の「実体経済」は、決して好調とは言えないことだ。日本の物価上昇率は、コアコアＣＰＩでようやくプラス化した段階だ。イギリスの物価上昇率はゼロ。アメリカは1％。欧州は消費者物価指数が0・7％上昇である。

米英欧諸国は、明らかにデフレ化しつつある。日本はようやく「デフレ脱却」に向かうところだが、米英欧は逆にデフレ化の方向に進んでいるわけだ。

驚くべき事実は、アメリカがリーマン・ショック以降、実に3兆ドル（約300兆円）ものドルを発行し、金融市場に投入したにもかかわらず、物価上昇率が1％と低迷している現実だ。しかも、英米両国の失業率はいまだに7％前後で、リーマン・ショック前の水準を回復していない。

さらに、ユーロ圏の場合は「全体の失業率」が12・2％。ギリシャ、スペインの失業率に至っては、25％を上回っている。それでも、株価指数が「史上最高値」を更新してしまったのだ。

13年末の時点においても日米英3カ国は、中央銀行が量的緩和、すなわち「国債の貨幣化（通称・財政ファイナンス）」を続けている。中央銀行が（主に）国内の銀行から国債を買い取り、同じ金額分の通貨を発行し続けているわけだ。

ユーロの場合は、株高と同時に「ユーロ高」が発生しているため、ジャブジャブのドルが両替され、ユーロ圏に流れ込み、株価を押し上げている可能性が高い。

中央銀行はお金の行先を管理できない

問題は、中央銀行は自ら発行したお金の「行先」を管理できないという点だ。

中央銀行が発行した通貨が、銀行から借り入れられ、民間や政府の「消費」及び住宅投資、設備投資、もしくは公共投資に向かえば、「モノ」や「サービス」が消費、投資として購入されたことになり、必ず誰かの所得を創出する。

それに対し、中央銀行が市中銀行に発行したお金が借り入れられ、株式や土地、金融商品の購入に向かった場合、それ自体は所得を生まない。無論、株価や土地価格が上昇すれば、消費拡大という間接効果（いわゆる資産効果）が発生するが、あくまで「間接的」だ。

13年末までの各国の株価上昇（新興経済諸国では土地価格も上がっている）は、実体経済ではなく金融経済に「中央銀行が発行したお金」が流れ込んだことを主因としているのではないか。そうなると、主要国（特にアメリカ）が量的緩和の縮小という金融引き締めに舵を切った途端に、各国の株式・土地バブルが崩壊し、巻き戻しが発生しかねない。

断っておくが、筆者は昨今の各国における資産価格の上昇について、「２０１４年はバブルが崩壊する！　大変だ！」と、危機感を煽《あお》りたかったわけではない。

なにしろ、金融経済におけるストック価格の上昇は、直接的には実体経済（所得）を拡大しないが、金融経済でストック価格が暴落（すなわちバブル崩壊）してしまうと、実体経済は多大なるダメージを受ける。そんな事態は、誰も望んでいない。

金融経済における資産（ストック）価格暴落を防ぐためにも、今後の各国の政府当局は「実体経済の成長」により重点を置くべきと主張しているのだ。

要は、実体経済と金融経済のバランスの問題だ。実体経済が成長し、金融経済とのバランスを回復すれば、資産価格の上昇をソフトランディングさせ得る可能性が高まる。

金融経済ではなく、実体経済を拡大させるためには、誰かが「中央銀行が発行した通貨」について、所得を生み出すように使わねばならない。

すなわち、政府の財政出動の出番なのだ。

ところが、日米英欧という主要国はこぞって「財政均衡主義」に侵され、適切な財政出動策に踏み出せない（それどころか「増税」を決断・実施した国すらある）。

そうなると、14年の各国政策担当者は、「金融引き締め」と「資産バブル膨張」との間で綱渡りをせざるを得ない。

不動産バブルが崩壊し始めた韓国経済

韓国の低失業率、低インフレ率は統計上のトリック

韓国経済が面白いことになっている。不動産バブルが崩壊を始め、家計の負債依存の経済成長が不可能になりつつあるのだ。

韓国の国民銀行のデータによれば、２０１３年７月の住宅価格は前年同月比で０・７２％下がり、14カ月連続の下落となった。ソウルのマンション取引量は、なんと前月比で80％も減っている。

バブルが崩壊すると、国民は借金返済を始め、消費が減り始める。実際に、韓国の家計の消費性向（所得から消費に回す割合）は低下の一途をたどり、モノやサービスが売れなくなり、物価は低迷している。

なんと、13年９月以降の韓国は、３カ月連続で消費者物価指数が１％を下回ったのだ。韓国は明らかに、デフレ化しつつある。

物価上昇率が低迷する（＝通貨ウォンの価値が下がりにくい）状況で、アメリカや日本が量的緩和（通貨発行）を続けているため、韓国ウォンは対日本円、対ドルで価値を上げ続けている。すなわち、ウォン高だ。国内の需要縮小、及びウォン高の打撃を受け、すでに韓国では中堅財閥が3社、倒産してしまった。

現在、韓国の大卒者の平均就職率は異常に低い。たとえば、２０１２年の大卒者（大学院、専門大学出身者を含む）の平均就職率は59・３%だった。残りの40%は、大学を出たのはいいが「職がない」という話なのである（そして、NETT《ニート》と化す）。

こんな有り様であるにもかかわらず、13年10月の韓国の失業率は２・８%だった。失業率が2%台ということは、ほぼ「完全雇用」といってもいい水準だ。

雇用環境が「完全雇用」で、かつ物価上昇率が1%を切っている。思わず「わおっ！」と叫びたくなってしまう。韓国は国民にとってまことに「理想的」な経済環境を構築したことになる。

と、言いたいところだが、もちろんそんなことはない。そもそも、**完全雇用の国で大卒の4割が就職できないなどということはあり得ない。**

韓国が「低失業率、低インフレ率」に見えるのは、単に統計上のトリックを駆使しているにすぎない。具体的には、失業率を「低く見せる」テクニックが多用されているのだ。

ＯＥＣＤが２０１３年７月16日に、加盟国の雇用情勢を分析した「雇用アウトルック２０１３」を公表したのだが、そこには韓国の労働事情に関する驚くべき実態がデータとして掲載されていた。すなわち「労働参加率」である。

労働参加率とは、生産年齢人口に占める労働人口の割合を意味している。生産年齢人口とは、15歳から64歳までの人口である。

生産年齢人口の中で、働く意思を持つ就業者及び失業者の合計である労働人口がどの程度の割合かを示したものが労働参加率だ。たとえば、15歳以上であっても、働く意思や能力がない病弱者や学生、専業主婦は非労働力人口となり、労働人口に含まれない。

整理すると、「生産年齢人口 − 非労働力人口＝労働人口」「失業者÷労働人口＝失業率」となるわけだ。

勘のいい方はお気づきになられたと思うが、労働人口の中の「失業者」を「非労働力人口」に振り分けてしまうと、失業者の数が減り、見かけ上の失業率は下がる。失業率とは、あくまで「労働人口に占める失業者の割合」であり、非労働力人口は失業統計の範《はん》疇外《ちゅうがい》になってしまうわけだ。

労働人口ではなく「生産年齢人口」に占める「働いていない人の割合」を見れば、韓国の雇用環境の実態がわかる。

日本人以上に働いていない韓国人

次ページの図のとおり、日本の場合、労働参加率は約74％である。それに対し、失業率は約４％だ。

すなわち、生産年齢人口に対する失業率は２・96％。非労働人口26％（１００％－74％）を加えると、わが国の生産年齢人口対失業率は約29％。日本は「生産年齢人口の内、29％（26％＋２・96％）が働いていない」ことになる。

それに対し、韓国は労働参加率66・４％で、失業率は２・８％。生産年齢人口に対する失業率は１・96％。そこに非労働人口33・６％（１００％－66・４％）を加えると、生産年齢人口失業率は35・６％と、日本よりも悪化する。韓国は「生産年齢人口の内、35・６％（33・６％＋１・96％）が働いていない」というオチである。

生産年齢人口に占める「働いている人」の割合を「就業率」という。日本の就業率は

2012年　主要国の労働参加率

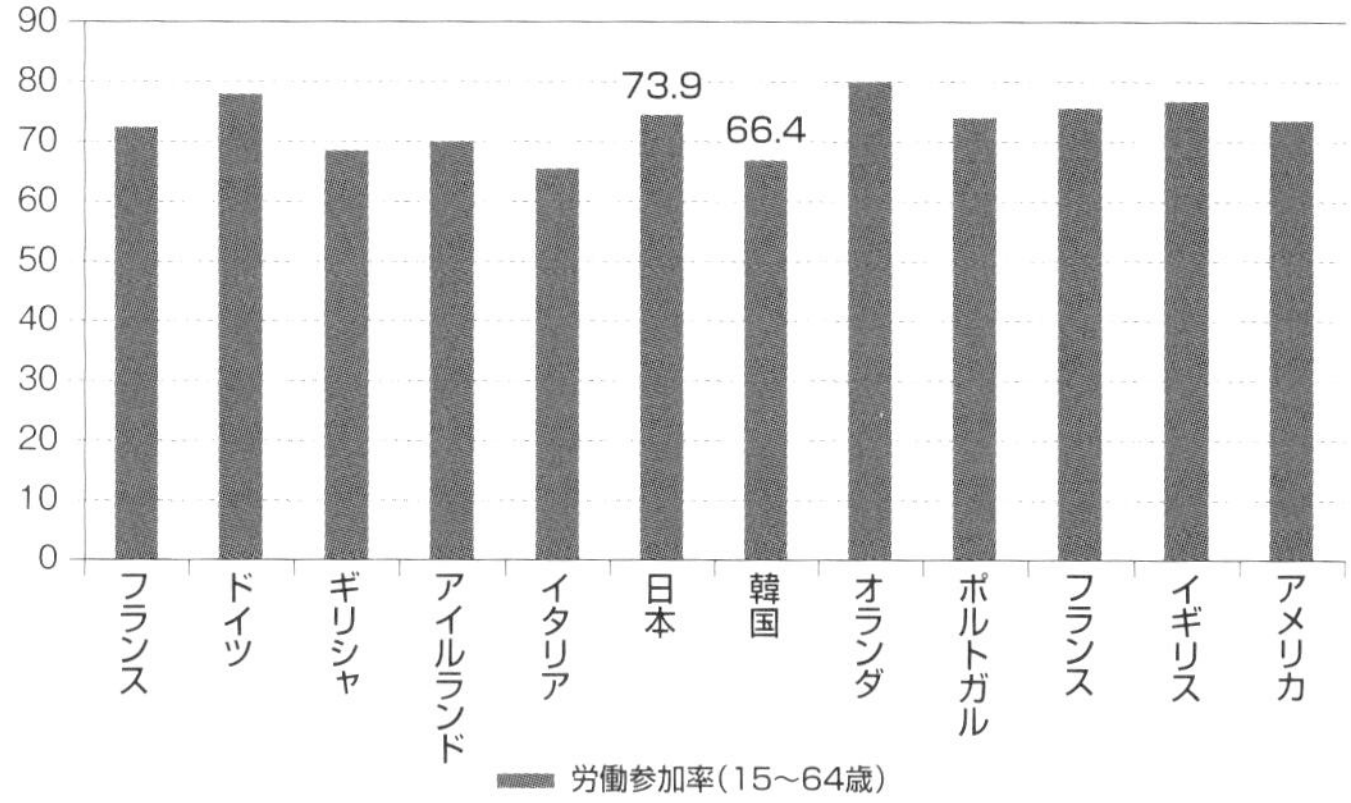

出典：CECD「雇用アウトルック2013」

71%（100%－29%）、韓国は64・4%（100%－35・6%）。実際には、韓国人は日本人以上に「働いていない」もしくは「働けていない」というのが真実なのだ。

韓国の雇用統計は奇妙な事例が少なくなく、たとえば、

「職安から仕事を紹介されたものの、断った」

このような失業者は、勤労意欲がない者として「非労働人口」にカウントされてしまう。

労働者は、誰もがそれなりの「キャリア」「仕事の経験」を積み重ねてきているはずだ。

たとえば、ＩＴ開発者として職を食《は》んできたものが失業し、いきなり「スーパーマー

ケットのレジ打ち」「ビルの警備員」などの職を職安で紹介されたとして、素直に「はい、わかりました」と新たな仕事場に赴《おもむ》く人は少数派であろう。

ところが、現在の韓国では職安で斡旋《あっせん》された仕事を断った場合、自動的に非労働人口に分類されてしまうのだ。

結果的に、労働人口から失業者が「退出」し、見かけの失業率は下がる。あるいは、失業者がコンビニで週に1時間バイトをした場合、失業者ではない労働者として統計されてしまう。とにかく、韓国当局の「失業者を増やさない」姿勢は徹底している。

このような類の「情報」を知らない場合、韓国の見かけ上の失業率が低いことを受け、「韓国経済は好調だ」と勘違いしかねない。

経済指標とは、きちんと「奥の奥」まで理解しなければ、正しい判断には役に立たないのである。

韓国の雇用統計に限らず、経済指標の中には「罠《わな》」が潜んでいるものが少なくない。日本でいえば、特にまずいのが「インフレ率」の定義だ。本来は、食料やエネルギーといった日本国内の需給と無関係に変動する価格を除いた「コアコアCPI(消費者物価指数)

で見るべきインフレ率を、なぜか日本銀行は「エネルギー価格」を含む「コアＣＰＩ」で定義している。

コアＣＰＩがインフレ率に設定されると、今後、外国から輸入する原油やＬＮＧ（液化天然ガス）などのエネルギー価格が上昇しただけで、「デフレ脱却」ということになりかねない。

また、物価が上がればそれでいい、という話では必ずしもない。物価の上昇に所得の伸びが追いつかず、実質賃金が下落を続けるのでは、政府が「デフレ脱却」を強調したところで、国民の貧困化は続く。今後の日本では、特に「実質賃金」という指標に、国民は注目する必要があると考える。

いずれにせよ、**「日本国民が豊かになる日本経済」はいまだ取り戻せていない。**その日ができるだけ早く訪れるよう、筆者は今日もまた、キーボードに指を走らせるわけである。

本書は『週刊実話』（日本ジャーナル出版）で連載中の
「三橋貴明の『マスコミに騙されるな！』」37〜71回を再編集し、
新規書き下ろし（第1章）を加えたものです。

［著者紹介］

三橋貴明（みつはし　たかあき）

経世論研究所所長・中小企業診断士。1969年、熊本県生まれ。東京都立大学(現:首都大学東京)経済学部卒業。外資系ＩＴ企業、ＮＥＣ、日本ＩＢＭなどを経て2008年、中小企業診断士として独立。経済指標など豊富なデータをもとに、経済を多角的に分析。経済の本当の読み方がわかると絶大な人気を誇る。単行本執筆と同時に、雑誌への連載・寄稿、各種メディアへの出演、全国各地での講演など多方面で活躍中。当人のブログ「新世紀のビッグブラザーへ」の1日のアクセスユーザー数は12万人を超え、推定ユーザー数は36万人に達している。2014年４月現在、人気ブログランキングの総合部門1位。

近著に、『三橋貴明の日本を豊かにする経済学』（ワック）、『愚韓新論』（飛鳥新社）、『日本大復活の真相』（あさ出版）、『ニュースに騙されない！日本経済の真実』（日本文芸社）などがある。

G0.5《ジーレイテンゴ》の世界《セカイ》

2014年5月30日　第1刷発行

著者
三橋貴明

発行者
中村　誠
印刷所
誠宏印刷株式会社
製本所
小泉製本株式会社
発行所
株式会社 日本文芸社
〒101-8407　東京都千代田区神田神保町1-7
TEL.03-3294-8931［営業］，03-3294-8920［編集］

*

Printed in Japan　ISBN978-4-537-26082-3
112140520-112140520Ⓝ01
編集担当　水波 康
URL http://www.nihonbungeisha.co.jp/